AF389563

UNE ÉNIGME HISTORIQUE

LE " VINCULUM SUBSTANTIALE "
D'APRÈS LEIBNIZ

ET

L'ÉBAUCHE D'UN RÉALISME SUPÉRIEUR

par **MAURICE BLONDEL**

MCMXXX

CHEZ GABRIEL BEAUCHESNE.

Archives de Philosophie

Un mouvement indéniable entraîne vers les études philosophiques l'élite des esprits contemporains. De partout, on réclame, dans cet ordre d'idées, des travaux solides, approfondis et probes qui traitent pour elles-mêmes les questions de Logique, de Métaphysique, de Morale, de Philosophie scientifique, d'Histoire de la Philosophie. Désireux de contribuer pour leur modeste part au progrès d'une science aussi complexe et toujours si riche en problèmes non résolus, un groupe de professeurs a pensé qu'il y avait lieu de créer, à côté et en marge des trop rares publications philosophiques dirigées par les catholiques français, un organe de forme nouvelle et d'allure assez souple pour se plier aux nécessités du moment.

I. Cet organe a pour titre : **Archives de Philosophie**. Il se présente comme une *collection* d'études techniques sur les diverses branches de la philosophie fournissant des matériaux à ceux qui s'intéressent aux problèmes de la pensée et donnant des résultats avec le détail des recherches. Il vise à être un instrument de travail utile et sûr et comprend, à côté des études de construction et de spéculation pure, des essais critiques et historiques, des notes, des publications de textes inédits, des traductions et commentaires de philosophes étrangers anciens ou modernes, l'exposé d'expériences nouvelles.

II. Les **Archives de Philosophie** ne sont pas une revue. Elles n'ont donc pas de publicité régulière et se présentent sous forme de *cahiers* contenant soit un travail unique, soit un groupe de travaux sur un même sujet ou de même genre... Le nombre de pages de ces cahiers reste indéterminé, en dépendance des matières et des auteurs. Chacun a sa pagination, son titre et sa table propres; mais grâce à une double pagination, les fascicules sont réunis en volumes de 600 pages environ avec table générale. Un fascicule séparé, paraissant avec chaque cahier, est consacré à l'examen critique des principaux ouvrages philosophiques récemment parus.

III. L'*esprit* de nouvelle collection est :

1. *Traditionnel* avant tout. Nous n'avons pas tout à reconstruire à pied d'œuvre. La *philosophia perennis*, telle que nous l'a transmise l'antiquité, telle surtout que l'a élaborée et développée saint Thomas, constitue une base fixe et inébranlable sur laquelle nous ne cesserons de nous appuyer, un guide sûr que nous ne manquerons jamais d'écouter et de suivre.

2. *Progressiste*. Tout n'a pas été dit et la pensée humaine n'est pas close avec le Moyen Age. Certains points considérés comme acquis restent à éclaircir et à justifier; de nombreuses questions demeureront ouvertes. Enfin il y a lieu de faire profiter la philosophie traditionnelle des incontestables progrès réalisés dans les derniers siècles.

3. *Scientifique*. Les **Archives de Philosophie** désirent contribuer à l'avancement des connaissances philosophiques, plutôt que vulgariser les résultats déjà obtenus. Les travaux publiés comportent des exposés et des discussions d'un caractère souvent technique. Le seul souci de leurs auteurs est de faire œuvre solide, tout en proposant leurs solutions avec sérénité et impartialité.

IV. Les cahiers sont vendus séparément, mais il est mieux de souscrire à la collection à cause des avantages sérieux consentis aux souscripteurs. Le nombre de pages publié dans l'année forme un volume de 600 pages environ. Le prix de souscription est fixé à **60 fr.** pour la France et **80 fr.** pour l'Étranger.

TYPOGRAPHIE FIRMIN-DIDOT ET Cⁱᵉ. — MESNIL (EURE). — 1930.

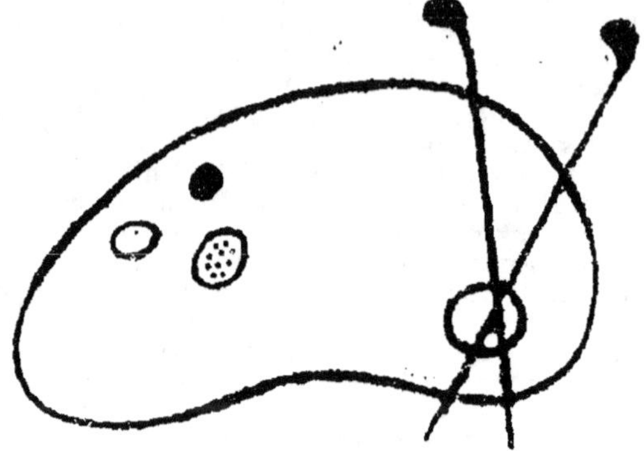

Fin d'une série de documents
en couleur

UNE ÉNIGME HISTORIQUE

LE " VINCULUM SUBSTANTIALE " D'APRÈS LEIBNIZ

ET

L'ÉBAUCHE D'UN RÉALISME SUPÉRIEUR

Maurice **BLONDEL**

UNE ÉNIGME HISTORIQUE

LE " VINCULUM SUBSTANTIALE "

D'APRÈS LEIBNIZ

ET

L'ÉBAUCHE D'UN RÉALISME SUPÉRIEUR

GABRIEL BEAUCHESNE, ÉDITEUR

A PARIS, RUE DE RENNES, 117

M.CM XXX

LETTRE D'ENVOI

AU R. P. AUGUSTE VALENSIN

Mon Révérend Père et très Cher Ami,

Vous avez bien voulu me demander s'il ne me semblerait pas instructif de publier une traduction et un commentaire de la thèse latine que j'avais intitulée : *De Vinculo substantiali et de Substantia composita apud Leibnitium.* Vous désireriez en outre savoir comment j'ai été amené à étudier cette question qui a paru très « spéciale » et même à peine « sérieuse » à la plupart des historiens de Leibniz. Vous souhaitez enfin que je vous fasse connaître le sens initial de mon effort d'exégèse et d'interprétation, la portée historique que j'ai cru découvrir en ce problème, l'intérêt dogmatique qui m'y a longuement attaché et les réflexions nouvelles qu'après plus de trente-cinq ans me suggère une révision de ce travail ancien où, comme je le rappelais naguère[1], se trouve une des

---

1. Cf. *Itinéraire philosophique*, publié par Frédéric Lefèvre aux éditions Spes, p. 57 et « *Patrie et Humanité* », p. 20. Les références sauf indication contraire renvoient le lecteur à l'édition *Gerhardt* en 7 volumes in-quarto ; le chiffre romain indique le tome ; les autres chiffres, la page et, en cas d'utilité, la date de la lettre ou de l'ouvrage est mentionnée. Le mot « *thèse* » se rapporte, dans les notes, à la thèse latine

« cellules-mères » de la doctrine à laquelle je reste
fidèle.

Une « traduction littérale » me semble peu utile :
les lecteurs désireux et capables d'étudier à fond ce
sujet par ses côtés ardus, ne sont pas arrêtés par un
latin qui emprunte à Leibniz lui-même ses mots
techniques et qui, surtout pour mon commentaire
personnel, reste partout rudimentaire comme une
mince enveloppe sous laquelle on retrouve sans peine
le texte français. Aussi, au lieu de reprendre un nouvel
épluchage des documents auxquels il est aisé de se
reporter et pour faire plus vite, plus clairement ressortir ce qu'il y a, j'ose dire, de captivant dans une
telle investigation, il me semble commode et avanta-
geux d'offrir un exposé libre et bref de la question ;
j'insisterai donc principalement sur la signification
permanente et la valeur toujours actuelle d'un débat
qui dépasse singulièrement l'occasion où il est né et
même les limites où, quoique déjà étendu, il s'est
restreint entre les deux correspondants : ceux-ci en
ont sans doute entrevu, mais ils n'ont peut-être fait
qu'en entrevoir la portée véritable.

Avant d'aborder cette étude sommaire, je me borne,
dans cette lettre d'envoi, à satisfaire votre curiosité
personnelle sur la façon dont j'ai été amené à explorer
ce coin réputé obscur et mal famé de la philosophie
leibnizienne : j'espère, mieux encore qu'autrefois,
montrer que cette obscurité ne nous engage dans
aucun piège et qu'elle conduit ceux qui comme vous

De Vinculo Substantiali apud Leibnitium, in-8 de 80 pages, Paris, Alcan,
1893 — (épuisée). J'ajoute qu'on trouvera dans la thèse des analyses, des
discussions et des citations qui n'ont pu trouver place dans le présent
exposé, en outre quelques documents inédits.

ont la hardiesse de vouloir la traverser, vers une belle
et précieuse lumière.

*
* *

Dans le cours qu'il professait à la Faculté de Dijon,
durant l'hiver 1879, le doyen Henri Joly consacra une
leçon à la correspondance de Leibniz et du Père Des
Bosses. Élève de philosophie au Lycée, je suivais cet
enseignement très vivant qui rendait attrayantes les
questions même les plus abstruses. Contrairement à
l'opinion à peu près unanime des historiens, Henri
Joly déclara que, dans l'hypothèse du *Vinculum*,
Leibniz avait vu sincèrement un de ces « possibles
métaphysiques » que sa fertilité d'invention ne se
lassait pas de susciter, à l'imitation de ces fulgura-
tions divines qui produisent toutes les essences, toutes
les natures intelligibles, même celles qui ne sont et
ne seront pas réalisées. L'explication qu'il donna des
raisons du *Vinculum* pour Leibniz répondait, comme
par une « harmonie préétablie », à mon besoin encore
très vague, mais déjà très vif, d'un réalisme spirituel, ennemi d'un symbolisme idéaliste et d'un individualisme abstrait : ce que j'entrevoyais, sous
l'hypothèse provoquée par les questions stimulantes
d'un religieux catholique et par les méditations spontanées de Leibniz, c'était, non pas un problème théologique et restreint à un aspect du dogme eucharistique, mais la justification des « vérités incarnées » ;
— mais la réhabilitation de la lettre et de la pratique ;
— mais la primauté de ce qui est ultérieur, actualisé et
un, sur ce qui est dissocié par l'analyse, ramené à des
éléments antérieurs ou à des abstractions ; — mais l'effi-

cience positive de la cause finale et la valeur originale de l'action, lien de la nature et de la pensée ; — mais l'union réelle des *esprits* formant comme un *corps*, comme une « substance nouvelle », comme une composition plus *une*, plus *substantielle* que les éléments qu'elle domine et qu'elle élève à son unité supérieure : « *unum corpus multi sumus* ». Et, continuant à méditer ce texte qui m'était resté dans la mémoire : « *ex pluribus substantiis oritur una nova* », je songeais que la vraie perspective de la philosophie métaphysique, morale, sociale, religieuse, consisterait peut-être à intervertir l'ordre habituel qui procède trop exclusivement par analyses fictives, en assujettissant indûment la vie profonde, l'ordre même de l'action et de la foi, aux lois d'un entendement discursif qui, lui, va, par abstraction et rétrospection, au rebours de la nature et de l'âme.

Dès lors (et malgré l'importance extrême que j'attachais à la réhabilitation de la pratique littérale et sacramentelle dont l'idéalisme à l'Allemande, le symbolisme à la Renan, et tout ce néo-christianisme, prélude du modernisme, alors en faveur dans beaucoup de milieux cultivés, avaient méconnu et discrédité la valeur), je ne me suis jamais assujetti dans la controverse sur le *Vinculum* à l'aspect particulier du problème de la Transsubstantiation qui avait été pour Leibniz et son correspondant même moins qu'une cause simplement occasionnelle. Comme eux, je considérais principalement la difficulté plus générale, plus proprement métaphysique qu'ils s'étaient d'abord proposée, avant même de prendre comme exemple précis cette sorte d'expérience incomparable où pour les croyants se trouvent dissociées les données communes de la connaissance et l'invisible présence qui sous les espèces sensibles se substitue à la réalité matérielle.

Et pourtant c'est à cause de cet *exemple,* qui n'est qu'un exemple destiné à préciser un débat intrinsèquement métaphysique, que la plupart des critiques se sont à priori insurgés contre le *Vinculum,* sous prétexte qu'une hypothèse censément provoquée par un tel objet ne saurait être décemment prise au sérieux ni par Leibniz, ni par eux-mêmes! A ce propos laissez-moi relater ici un incident pittoresque de ma soutenance de thèse le 7 juin 1893 : il est une « illustration » de l'état d'esprit qui, sous des formes toujours plus ou moins voilées, a diversement animé contre le *Vinculum* la plupart de ceux qui l'ont jeté au rebut, — une illustration aussi de la partialité contraire qui ne doit pas non plus avoir place dans la discussion philosophique.

Irrité de voir que j'attribue au *Vinculum* une valeur supérieure à celle qu'admettent la plupart des interprètes, un des juges m'objecte que cette pauvre invention est simplement, « en face du Dogme », une accommodation de complaisance et une forme de politesse compatissante et dédaigneuse de Leibniz pour la foi inquiète d'un Jésuite; puis, se reprenant soudain : « Au reste, dit-il, je ne sais si la Transsubstantiation est un Dogme pour les catholiques! » A ces mots un jeune homme, assis au bas de l'amphithéâtre et tout près de moi, se lève brusquement, frappe du pied, remonte les gradins le plus bruyamment possible et sort sans mot dire, mais en faisant claquer la porte. Stupeur du jury et de l'auditoire nombreux. Relevant la tête de ses papiers administratifs, le doyen Himly, qui préside la soutenance, me demande, moitié souriant, moitié fâché : « C'est un de vos amis sans doute, et ses arguments sont-ils de votre goût? » J'ai pu l'assurer en toute sincérité que le personnage m'était totalement inconnu (je n'ai jamais su son nom), et que je pensais avoir d'autres et de meilleurs arguments à faire valoir. — Mais aussi, qu'en sens contraire, on ne nous serve pas des objections d'aussi pauvre portée. Peut-être, d'ailleurs, n'ai-je pas été le seul à m'étonner, sans oser le dire, qu'un historien de la philosophie, un professeur en Sorbonne pût ou voulût paraître ignorer que la Transsubstantiation est en effet un dogme catholique !

Après cette digression qui forme anachronisme, je reprends la petite histoire de mon étude, et je remonte au mois de novembre 1882, à l'École Normale. Dès sa conférence inaugurale aux élèves de seconde année, Émile Boutroux nous dicta une longue liste de questions à traiter : chacun de nous, à quelque section qu'il appartînt, devait au cours de l'année scolaire y trouver le sujet d'une leçon et aussi celui d'un mémoire écrit. Je ne fus pas peu charmé d'entendre proposer une étude du *Vinculum;* craignant qu'un rival ne m'enlevât ce thème d'amour dont je pensais que d'autres pouvaient être épris, je me précipitai dès la fin de la conférence pour retenir cette bienheureuse question : empressement qui ne fut pas sans surprendre, je ne dis pas Boutroux qui m'approuva avec un regard de complaisance, mais mes condisciples dont aucun n'avait entendu même nommer cette étrange chose. Ils en conçurent pour mon érudition philosophique une estime très peu justifiée et d'ailleurs un peu ironique. Plusieurs mois, j'étudiai donc, dans l'édition Gerhardt que j'avais pour la première fois en mains, la correspondance récemment complétée et enrichie de notes et brouillons préparatoires de Leibniz. Je fis une leçon qui me valut de Boutroux (faveur exceptionnelle de binage) l'autorisation de reprendre ce même sujet pour mon travail écrit. Car j'avais aperçu de nouveaux aspects et quelques questions préalables à résoudre ; si bien qu'en somme mon mémoire, quoique étendu, resta inachevé et se borna à peu près à l'étude de la sincérité de Leibniz, sincérité qui à propos du *Vinculum* m'apparut incontestable, en dépit de ses habitudes de souplesse ou même parfois de dissimulation et d'ironie. Mais je ne laissai pas d'indiquer les raisons intrinsèques qui confirmaient les preuves extrinsèques de l'importance réelle que Leibniz avait attribuée à ce qu'il appelle lui-même *meum Vinculum* (II, 507, 511).

Plus que je ne l'aurais cru, Émile Boutroux approuva mes conclusions. Mais dans les appréciations improvisées qui suivaient immédiatement les leçons d'élèves, les impressions orales, que son extrême bienveillance à l'égard des personnes le portait à rendre favorables à l'excès, ne concordaient pas toujours avec les notes écrites qu'il remettait au Directeur de l'École pour les classements trimestriels : Fustel de Coulanges, accompagné du sous-directeur Vidal de la Blache, venait lui-même nous faire la lecture solennelle de ces notes avec des commentaires appropriés à chacun des élèves. J'étais donc resté en suspens sur le degré de l'approbation accordée par mon maître — aussi énigmatique parfois que l'ésotérique Leibniz — à mes premiers essais d'interprétation du *Vinculum* : aussi ma joie fut-elle grande quand j'entendis le Directeur lire un jugement plus chaleureux encore que n'avaient été les encouragements premiers ; et c'est ce qui, avec le conseil même de Boutroux, me décida à faire inscrire sans retard en Sorbonne ce rare sujet pour une de mes thèses de doctorat.

Dix ans passèrent sans que j'aie perdu de vue mon dessein : non seulement j'aimais à ruminer à part moi la signification de l'obscur problème ; mais je profitai de plusieurs voyages en Allemagne pour enquêter dans les bibliothèques universitaires ou pour correspondre avec des archivistes, notamment avec ceux de Hanovre, de Leipzig, de Cologne, de Düsseldorf qui me fournirent quelques textes inédits et des renseignements sur la personne de Des Bosses. Le bibliothécaire de Leipzig, à qui j'avais demandé de rechercher le texte complet d'un fragment de Leibniz cité par le théologien Pfaff comme extrait du *Journal de Leipzig* que je ne réussissais pas à trouver, m'indiqua qu'il devait s'agir d'un recueil dont le vrai titre est *Acta Eruditorum*, et c'est là en effet que je rencontrai les témoignages surprenants dont nous aurons à faire état plus loin.

Toutefois, c'est seulement après la lente et fatigante rédaction de *l'Action,* que je composai, trop rapidement peut-être, mon thème latin, pour lequel d'ailleurs la correspondance que j'étudiais fournissait la terminologie un peu barbare parfois et les formules toutes préparées. Chargé de lire le manuscrit, Victor Brochard s'en acquitta avec une promptitude méritoire, et son rapport[1] permit l'impression immédiate au

1. Copie du rapport de M. Brochard.

Paris, 2 janvier 1893.

Monsieur le Doyen,

La thèse latine de M. Maurice Blondel, *De Vinculo Substantiali,* est cours de laquelle j'ajoutai, selon son désir, et selon mon vœu spontané, quelques compléments au chapitre final. A la soutenance, l'on m'accorda plus que je n'espérais ; l'on admit en somme que tous les arguments extrinsèques et les objections colportées sans examen direct des textes contre la sincérité de l'hypothèse du *Vinculum* n'étaient pas réellement fondés ; donc il ne s'agit là ni d'une mystification, ni d'un jeu d'esprit sans sérieux, ni d'un escamotage. Toutefois en me concédant que Leibniz avait sérieusement envisagé une difficulté sérieuse et une solution éventuelle, Brochard maintenait (comme si c'était contre ma thèse) que Leibniz avait résolument écarté l'hypothèse proposée, en la considérant comme incompatible avec tout son système personnel. Or c'était là (et il le reconnut ensuite) simplifier indûment et dénaturer mon dessein, autant que fausser l'attitude de Leibniz lui-même. Car je ne posais pas une alternative entre deux termes brutalement opposés : « Oui ou non, Leibniz a-t-il cru à son *Vinculum ?* » ; mais j'introduisais trois ou même plusieurs thèses à coordonner plutôt qu'à opposer : d'abord le *Vinculum* a-t-il mérité l'intérêt véritable et profond de Leibniz ? — Oui. — Ensuite, Leibniz a-t-il pris absolument position pour ou contre cette hypothèse ? — Non. —

une étude sérieuse et consciencieuse. Elle a le mérite d'éclairer une partie intéressante et peu connue du système de Leibniz. L'auteur paraît bien connaître et bien comprendre ce système. Ses références sont nombreuses et bien choisies. Son style est clair (je voudrais cependant qu'il mît encore un peu plus de clarté, s'il le peut, dans son chapitre vi), l'argumentation est satisfaisante et bien enchaînée. Je n'hésite donc pas à vous proposer d'accorder le visa à l'œuvre de M. Blondel. — Veuillez agréer, Monsieur le Doyen, l'expression de mes sentiments dévoués.

Victor BROCHARD.

A-t-il estimé que pour admettre cette hypothèse il lui eût fallu renier sa doctrine antécédente ? — Nullement ; il a même déclaré plusieurs fois et expressément le contraire. Enfin a-t-il réellement entrevu des raisons d'adhésion, des perspectives nouvelles, un moyen d'élargir encore ses horizons toujours reculés, et de résoudre des difficultés en face desquelles son correspondant et surtout ses récentes méditations l'avaient mis dans l'embarras? — C'est sur ce point que nos conclusions devront être nuancées sinon flottantes. Et comme il ne s'agit pas ici pour moi d'un problème simplement historique, il ne nous sera sans doute pas défendu de montrer, à la lumière de l'histoire postérieure à Leibniz, la réalité du problème qu'il avait sans doute aperçu, et que peut-être il entrevoyait la possibilité de résoudre autrement que ne devait le faire l'idéalisme ou le criticisme. De là l'extrême intérêt de son hypothèse, même alors qu'en fait elle n'a pas été comprise, et n'a pu dès lors influer sur le développement historique des doctrines ultérieures. Mais n'est-il pas temps encore de la rendre féconde, et son heure n'est-elle pas venue? On ne prescrit pas contre la vérité et, dans l'ordre métaphysique, les difficultés de fond restent toujours actuelles.

Peu après la soutenance de mes thèses, Émile Boirac présentait les siennes : la thèse latine s'intitulait *De spatio apud Leibnitium* (1894). De passage à Paris, j'allai entendre la discussion. Dissimulé parmi la nombreuse assistance, j'éprouvai une joie sans doute un peu coupable en entendant Brochard reprocher au candidat de ne pas s'être plongé dans la correspondance avec Des Bosses et de n'avoir pas tenu compte des résultats obtenus par l'étude ardue à laquelle je m'étais livré, sans craindre les « fourrés épineux d'un sujet que Leibniz lui-même n'avait pas jugé épuisé ni indigne d'être scruté plus à fond ».

Le Directeur de l'*Année Philosophique*, François Pillon, avait entrepris alors, dans la Revue qu'il suffisait presque à remplir de ses pénétrantes études, une histoire critique de l'idéalisme, et il venait de fournir sur Malebranche et son *Étendue Intelligible* un travail extrêmement remarquable. Voulant poursuivre cette série de monographies liées, il m'écrivit pour me demander une traduction et un commentaire de ma thèse latine dont, me disait-il, il comprenait l'intérêt et la portée ; et j'avais accepté de coopérer à son effort ; j'avais même déjà amassé quelques feuilles en vue d'une mise au point analogue à celle que je tente aujourd'hui, lorsque la mort surprit prématurément François Pillon, et sa revue disparut.

Mais je n'ai jamais abandonné, entre beaucoup d'autres projets, l'espoir d'une publication destinée non pas tant à réhabiliter ce pauvre *Vinculum* bien calomnié qu'à faire ressortir en même temps le sens du problème métaphysique qui en est l'occasion et l'originalité de la solution : solution sans doute hypothétique, mais question qui ne l'est pas, question qui, en apparence paradoxale et bizarre, en réalité reliée à maintes vérités éparses et trop peu engrenées d'ordinaire dans la philosophie, nous offre peut-être le moyen d'échapper aux voies où depuis deux siècles et plus la spéculation moderne s'est trop souvent enclose.

L'un de mes étudiants, devenu mon collègue et ami, Jacques Paliard, avait, pour un diplôme d'études supérieures et comme texte d'explication, abordé de son point de vue, et avec ses dons de métaphysicien, ce même problème ; et, pour l'examen oral, j'avais fait venir de Grenoble Georges Dumesnil : celui-ci, d'abord défiant et presque hostile, avait été frappé et même conquis par la vigueur de pensée et de parole dont fit preuve le candidat, mais aussi par l'attrait des perspectives entr'ouvertes devant lui : « il m'a révélé, me dit-il, un horizon que je n'avais jamais soupçonné ». Et nous demeurions d'accord que, par les circonstances qui entourent cet énigmatique problème, par l'isolement de cet îlot qui surgit de l'Océan, loin de toute terre fréquentée, et qui semble y disparaître de nouveau, par l'étrangeté de la terminologie et des procédés, par le paradoxe de la solution évanescente comme un fantôme de l'invisible, le *Vinculum* est, dans l'histoire des doctrines, une sorte d'*unicum* et de *monstrum*.

Qu'est-ce donc que cette « terra nova » si malaisée même à entrevoir dans ses brumes qui ont fait douter de sa solidité et même de sa réalité ? Serait-elle un simple mirage ? Est-ce un peu mieux, une pièce curieuse que des érudits et des archéologues recherchent sous les vieilles formules où abondent les *substantializare*, les *realizare*, comme l'on essaye de retrouver sous les flots et les sédiments les galères impériales au fond du lac Némi ? N'est-ce pas plutôt une Atlantide, tout un continent à mettre en lumière, terre immergée et de vie profonde dont la tradition ne s'est jamais tout à fait perdue, alors même que la plupart des hommes, absorbés par les réalités tangibles, la considèrent comme pure légende et cloches d'Ys ? — Sur votre demande, mon Révérend Père, je reprends un instant mes sondages, et, avec vous pour me soutenir, j'essaye une nouvelle exploration de ce monde, je ne dis pas inconnu, mais d'ordinaire méconnu, le plus réel pourtant, puisque le sens populaire, l'inspiration artistique, l'invention morale, les aspirations religieuses y trouvent leur secret soutien.

Jules Lachelier me disait un jour que Maine de Biran peut nous dispenser de passer par Kant pour le libre développement de la pensée philosophique. Peut-être avant lui et mieux encore que lui, Leibniz peut, si nous comprenons et suivons à fond la voie où nous engage son hypothèse du *Vinculum,* servir à éviter l'impasse criticiste, à discerner l'erreur de méthode et les conceptions hybrides qui aboutissent aux antinomies, et nous ouvrir l'accès d'une métaphysique réaliste sans illusion et sans exclusion, faisant droit à toutes les requêtes de la science positive, de la spéculation rationnelle et de la foi religieuse. C'est à indiquer sommairement ce passage que tend cette étude sur le *Vinculum.* Une telle recherche, qui doit sans doute se fonder sur la critique des textes et sur l'histoire authentique des doctrines, a cependant plus qu'un intérêt historique : car si, pour répondre à vos bienveillantes instances, mon Révérend Père et cher ami, je me suis résigné à cette tâche latérale et préparatoire à l'achèvement toujours retardé de « la Pensée », c'est somme toute afin de mieux revenir à ce livre très lourd; c'est aussi pour rendre plus aisé et plus instructif l'effort de ceux qui voudront bien me lire ; je ne cherche en effet ici qu'à les entraîner à une sorte de dépaysement, qu'à établir d'avance un *lemme* propre à éclairer les conditions d'accès et de succès pour une telle exploration. Il m'a fallu, à moi d'abord, un si long espace de temps, une si onéreuse adaptation, que je voudrais aider les esprits et les acclimater à une atmosphère autre, à des perspectives que je crois « naturelles », mais qui sembleront d'abord artificielles aux habitués des zones moyennes de la réflexion analytique.

Il me semble donc que, malgré l'indigence d'un exposé pour lequel je suis réduit à dicter, sans recourir aux textes et sans pouvoir me mettre suffisamment au courant des travaux récents sur Leibniz (conditions déplorables — vous me l'accorderez — pour des recherches d'érudition critique ou même pour une analyse métaphysique forcément complexe), l'amour que je ressens et que je ferai peut-être partager pour un sujet qui vaut vraiment la peine d'être étudié plus à fond m'obtiendra l'indulgence, en expliquant la témérité que je commets un peu par votre faute... heureuse. Si seulement je réussis à susciter d'autres explorateurs capables de pénétrer dans le domaine que je ne puis plus que leur signaler de mon très petit mont Nébo, ils devront vous savoir gré, mon cher ami, de votre initiative ; car c'est à vous qu'ils auront dû d'apercevoir enfin le moyen de bien poser certains problèmes, d'échapper à des impasses, ou de sortir des défilés qui masquent trop souvent quelques-unes des plus belles perspectives de la pensée et des cimes mêmes de la plus substantielle réalité [1].

Maurice Blondel.

1. Je suis heureux de rendre au Révérend Père Fessard un hommage tout particulier de haute estime et de respectueuse gratitude : je lui dois en effet, pour cette étude du *Vinculum* de très pénétrantes remarques et des indications fécondes. Mais en outre il faut, en toute justice, révéler, malgré son désir d'effacement le rôle décisif de mon ami l'Abbé

Joannès Wehrlé . il avait assisté à la soutenance du 7 juin 1893, et,
depuis lors, garant de mes souvenirs et confident de mes projets, il s'est
toujours intéressé au problème du *Vinculum* : avec une compétence,
une pénétration et un dévouement également précieux, il a mis en
place les matériaux que je lui avais fournis; et sans lui j'aurais sans
doute abandonné le projet de cette étude renouvelée, afin de ne pas la
rendre trop onéreuse pour vous ou trop décevante pour mes lecteurs.

SOURCES DE LA DOCTRINE

du *Vinculum substantiale*.

Le P. Des Bosses eut soin de conserver les LXXV lettres qu'il reçut de Leibniz[1]. Dutens (II, p. 265-323 ; VI, p. 173-201), le premier, en édita la plupart[2] ; LXX en effet, ont été publiées, non sans incorrections ; les plus importantes furent encore reproduites par Erdmann (1840). Enfin, dans l'édition complète des œuvres philosophiques de Leibniz, C. J. Gerhardt les publia revisées ; les manuscrits de la plupart sont conservés à la Bibliothèque royale de Hanovre. Il y joignit une lettre (la lettre soixante-sixième) encore inédite ; enfin il publia pour la première fois les LVII lettres de Des Bosses à Leibniz, et en ajouta une autre (VII, 581).

L'Appendice C contient quelques inédits.

1. Voici en effet, ce que Des Bosses, alors à Cologne, écrit à un jésuite au moment où il n'avait pas encore reçu la correspondance de Leibniz éditée à Leipzig : « Il s'en faut bien que le commerce épistolaire de ce grand homme y soit tout renfermé ; une grande partie se trouvera en son temps dans les archives de Hanovre et ailleurs. Les originaux des lettres qu'il m'a écrites, que je destine pour la Bibliothèque des manuscrits de votre collège, doivent être envoyés par une commodité sûre, car il ne faut pas risquer un tel trésor dont le prix croîtra avec le temps. » Des Bosses avait envoyé au P. Tournemine les copies de LXXI lettres. (De Backer, VII, p. 128-129.)

2. « Sunt ex numero earum septuaginta quinque quas Cl. Gobeto placuit mecum communicare. E bibliotheca Collegii Claromontani Parisiis depromptae sunt. » (Dutens, II, 265.) Cf. VI, 173. La plupart des manuscrits de ces lettres sont conservés à la Bibliothèque royale de Hanovre ; Gerhardt a collationné les autographes de Leibniz ou les copies.

C. J. Gerhardt, *Die Philosophischen Schriften von Gott-fried Wilhelm Leibniz*, t. II, p. 285-522 ; 1879, t. VII, p. 581.

Acta Eruditorum (spécialement : A. 1715 cal. Augusti, p. 376 : et mense Martii, A. 1728, p. 125).
Cf. Appendices, B et A, C.

Pour ce qui concerne les écrits, la vie et le caractère du P. Bartholomaeus Bosseaus (Des Bosses) :

Cf. J. Hartzeim, *Bibliotheca Coloniensis*, p. 27 (1747).
De Backer, *Bibliothèque des écrivains de la Compagnie de Jésus.* Série I-VII, Liége, 1853-61, t. I, p. 115; VII, p. 128-159.
Allgemeine Deutsche Biographie, t. III, p. 191, 1876 (Ruland).
D. L. Noack, *Philosophisch-geschichtliches Lexicon.* Leipzig, 1879.

Des Bosses naquit l'année 1663, dans un bourg hollandais du nom de « Herve [1] ». En 1686, il entra dans la Compagnie de Jésus et enseigna la rhétorique, les mathématiques, la philosophie, la théologie morale et dogmatique. A Cologne, il fut promu « Doctor Sacrae Theologiae ». Jusqu'en 1709, il fut professeur de Théologie à Hildesheim [2]. Puis il enseigna les mathématiques à Cologne (1709-1711), la théologie à Paderborn (1711-1713) et de nouveau à Cologne. « Sacrae Theologiae doctor et professor ordinarius in Academia Colo-niensi et examinator synodalis » (Hartzheim, p. 27). Il mourut à Cologne, en 1738.

Ces trois points firent l'objet habituel de ses réflexions : l'origine du mal dans un univers non seulement bon, mais

---

1. « Hildesio recta Limburgum patriam meam petii negotiorum cau-sa. » II, 393.
2. Dans la Bibliothèque du Gymnasium Josephinum sont conservées, en manuscrit, les Litterae Annuae, sous le titre « Historiae Collegii soc. Jesu Hildesii ». Et le « Catalogus Personarum et Officiorum » (A. 1705-1707) fait mention, au quatrième rang, parmi 15 Pères et 6 professeurs du « P. B. Des Bosses, Professor Theologiae polemicae, praefectus bibliothecae, exhortator et confessarius virginum Annunciatarum ».

même le meilleur possible ; l'aide réciproque de la grâce divine et de la liberté humaine ; le renouvellement des disciplines Scolastiques et Péripatéticiennes. En tout cela il approuvait fort Leibniz et était approuvé par lui. Il entretint aussi une correspondance avec Wolf. La liste de ses opuscules se trouve dans De Backer (*loc. cit.*). Sa traduction de la Théodicée fut revue et augmentée par Leibniz : « Leibnitii Tentamina Theodicaeae de bonitate Dei, libertate hominis et origine mali latine versa et notationibus illustrata » (1719).

BIBLIOGRAPHIE

THOMSEN. *Systematis Leibnitiani in Philosophia maxime expositio quaedam, ratione imprimis habita quaestionis num alia esoterica, alia exoterica habuerit vir ille dogmata.* (Dissertatio philosophica, Kilovi) Schlesvii, 1832 (p. 57 sq.).

HERBART. *Allgemeine Metaphysik* (I, p. 77).

G. E. GUHRAUER. *Leibnitz's Dissertatio de principio individui.* Berlin, 1837, p. 46.

KARL MORITZ KAHLE. *Leibnizen's vinculum substantiale.* Berlin, 1839.

CHARLES SECRÉTAN. *La philosophie de Leibniz, fragments d'un cours d'histoire de la métaphysique donné dans l'Académie de Lausanne.* Genève, Tübingen, Paris et Lausanne, 1840.

LUDWIG FEUERBACH. *Darstellung, Entwicklung und Kritik des Leibnit'schen Philosophie.* Ansbach, 1837 et 1844, p. 231.

G. HARTENSTEIN. *Commentatio de materiae apud Leibnitium notione et ad monades relatione.* Lipsiae, 1846; p. 4, 25, 26, 27.

ALBERT LEMOINE. *Quid sit materia apud Leibnitium?* Paris, 1850.

ROBERT ZIMMERMANN. *Ueber Leibnitzens Conceptualismus.* Wien, 1854, p. 41, 42. Leibnitz und Herbart, p. 87.

HEINRICH RITTER. *Geschichte der Christlichen Philosophie*, 1853, VIII, p. 131-132.

KUNO FISCHER. *Geschichte des neueren Philosophie*, 2ᵉ Auflage. Heidelberg, 1867, II, p. 388 et sq.

JOH. EDUARD ERDMANN. *Leibniz und die Entwicklung des Idealismus vor Kant*, 2ᵉ Auflage. Berlin, 1870, p. 153.

FR. UEBERWEG. *Grundriss der Geschichte der Philosophie*, 3ᵉ Auflage, 1872, p. 125.

EDUARD ZELLER. *Geschichte der deutschen Philosophie seit Leibniz*, 1873, p. 120.

OTTO CASPARI. *Leibniz. Das Princip der Monade und das Problem der Wechselwirkung.* Heidelberg, 1869; *Leibniz's Philosophie beleuchtet vom Gesichtspunkt der physikalischen Grundbegriffe von Kraft und Stoff.* Leipzig, 1870, p. 140-144.

G. Class. *Die metaphysischen Voraussetzungen des Leibnitzischen Determinismus*. Tübingen, 1874.

Eduard Dillmann. *Eine neue Darstellung der Leibnizischen Monadenlehre, auf Grund der Quellen*. Leipzig, 1891. (Cf. p. 24, 25, 247 et passim.)

Bertrand Russell. *The philosophy of Leibniz*. Cambridge 1900, p. 151, 273.

Régis Jolivet. *La notion de Substance, essai historique et critique sur le développement des doctrines d'Aristote à nos jours*. Beauchesne, 1929, p. 161 à 167.

Compte rendu des Séances de la Société lyonnaise de Philosophie. Séance du 10 janvier 1929. Communication de M. Ravier, professeur de Philosophie au lycée de Roanne (Hors commerce).

A l'occasion seront indiqués d'autres ouvrages qui traitent de l'ensemble de la philosophie leibnizienne.

LE " VINCULUM SUBSTANTIALE "

CHAPITRE PREMIER

Du crédit qu'il convient d'accorder aux assertions de Leibniz, particulièrement à celles qui dans la correspondance avec Des Bosses concernent le *Vinculum substantiale*.

Il peut sembler étrange que nous ayons à poser d'abord le problème de la probité intellectuelle ou même de la sincérité morale de Leibniz, alors que d'ordinaire pour les philosophes la confiance va sans dire.

Il semblera peut-être plus étrange encore que, avant de prendre et pour prendre au sérieux l'hypothèse inédite qu'il offre à un Jésuite à propos de la Transsubstantiation eucharistique, nous commencions par insister à fond sur son étonnante souplesse, sur sa complaisante et astucieuse habileté qui va parfois presque à la duplicité[1]. Et l'étrangeté ne paraîtra-t-elle pas plus déconcertante encore si l'on réfléchit à ce double fait : d'une part Leibniz, en diverses occasions, a parlé avec une sorte de détachement ou d'ironie de toutes ses doctrines personnelles[2], même de celles qu'il a le plus

1. On verra bientôt comment Leibniz s'est, semble-t-il, joué de Pfaff, théologien protestant et chancelier de Tübingen. Cf. l'appendice A de la Thèse. Il y a d'ailleurs d'autres exemples et d'autres aveux d'une telle virtuosité — qui comporte de complexes explications.

2. « Vous trouverez quelqu'une de mes bagatelles dans le paquet,... une manière de petit dialogue sur quelques sentiments du R. P. Malebranche. Mais on peut dire que ce sont des Discours Exotériques,

évidemment entourées de son amour et de son orgueil pater-
nels ; telles, sa théorie des Monades, ou sa Théodicée qu'il a un
jour déclarée un simple jeu de son esprit[1], tandis que c'est
seulement peut-être le *Vinculum* qu'il n'a jamais discrédité ;
loin de là, puisqu'il déclare à plusieurs reprises et sans atté-
nuation que cette hypothèse mérite une plus profonde investigation. Or, d'autre part et inversement, les historiens de sa
pensée, en s'attachant à toutes les autres théories leibniziennes
qu'ils cherchent à intégrer dans un système toujours en mouvement et en progrès, ont, à qui mieux mieux, exclu le seul
Vinculum du nombre des thèses de Leibniz dignes d'être
prises en considération et d'entrer dans l'harmonie poly-
phonique d'une doctrine indéfiniment enrichie. Comment
expliquer ces bizarreries ?

*
* *

I. — Pourquoi d'abord est-il prudent et même nécessaire de
soulever le problème de la franchise de Leibniz, de faire

et nullement Acroamatiques... Ce n'est pas grand chose » (Gerhardt, III,
645-648. A 1715).

Or au même endroit, Leibniz traite à son ordinaire de la notion de
substance et de la force qui réside dans les corps.

1. Cf. Appendice A. — « ... de Theodicea mea... miror neminem hactenus fuisse qui lusum hunc meum esse senserit ». — A cette affirmation
on peut d'ailleurs opposer cet autre fragment de lettre : « Il est vray
que ma Théodicée ne suffit pas pour donner un corps entier de mon
système ; mais en y joignant ce que j'ai mis en divers journeaux, il n'en
manquera pas beaucoup, au moins quant aux principes » (III, 618).
Et en effet, Leibniz a plusieurs fois parlé des « jeux de son esprit »
sans que cette expression ait un sens péjoratif, au contraire : ainsi
quand il dit : « mira quaedam theoremata se offerebant quae alios
fugerant, et aditum videbam dari ad plura et majora ; et machinamenta
quaedam *ludentis animi* sub manu nata etiam fructum promittere vide-
bantur. » Cf. Erdmann, p. 109. Leibniz a-t-il songé, en employant cette
expression, au texte de la Bible où il est parlé de la Sagesse « ludens in
orbe terrarum » ? Le croira volontiers qui se rappellera cette autre
pensée familière au philosophe : « Rien ne couste à Dieu bien moins
qu'à un philosophe qui fait des hypothèses pour la fabrique de son
monde imaginaire. » IV, 431.

ressortir les difficultés et de rechercher les principes de ce qu'on peut appeler l'herméneutique leibnizienne?

Leibniz nous avertit expressément qu'il y a deux manières de philosopher, et très différentes, l'une acroamatique, l'autre exotérique[1], et lui-même indique à maintes reprises que certaines de ses formules s'accommodent plus ou moins aux manières populaires de parler ou à la façon commune de formuler les problèmes philosophiques[2]. Il n'en pouvait être autrement dans une doctrine qui, introduisant une sorte de psychologie ou de métaphysique du subconscient, se trouvait selon les circonstances réduite à user du langage des apparences ou à évoquer une explication et une réalité plus profondes. Bien d'autres avant lui avaient procédé de manière analogue, et Platon, par exemple, avait recouru à des mythes pour suggérer quelques-unes de ses plus hautes intuitions.

Toutefois c'est encore un tout autre problème qui se pose pour Leibniz; car il s'agit, dans sa doctrine, non pas tant de plans et d'arrière-plans successifs comme il en existe en la plupart des systèmes philosophiques, que d'une sorte de dissimulation artificieuse qui semble destinée à faire croire au lecteur sinon le contraire, du moins une chose différente de celle que Leibniz cache au fond de son esprit.

---

1. « Inter philosophandi modos discrimen ingens : alius nempe Acroamaticus, alius est Exotericus. Acroamaticus est philosophandi modus in quo omnia demonstrantur, exotericus in quo quaedam sine demonstratione dicuntur, confirmantur tamen congruentiis, quibusdam et rationibus topicis, vel etiam demonstratoriis, sed non nisi topice propositis; illustrantur exemplis et similitudinibus; tale dicendi genus dogmaticum quidem seu philosophicum est, acroamaticum tamen non est, id est non rigorosissimum, non exactissimum » (IV, 146).

2. « Dans les journeaux de Leipzig, je m'accommode assez au langage de l'Ecole; dans les autres (ceux de Paris et de Hollande), je m'accommode davantage au style des Cartésiens; et dans cette dernière pièce (la Monadologie), je tâche de m'exprimer d'une manière qui puisse être entendue de ceux qui ne sont pas encore accoutumés au style des uns et des autres » (1714, III, 624).

D'où viennent alors ce goût, ce besoin, cette habitude, cette
tactique de « jeter de la poussière aux yeux » comme il l'a
dit un jour?

Y a-t-il là simple raison de prudence comme il en existait
encore pour Descartes, amoureux de sa sécurité et de sa
tranquillité et qui n'oubliait pas qu'en 1619 Vanini venait
d'être brûlé à Toulouse? Mais Leibniz, en son monde libéré
de semblables menaces, n'a pas de ces effrois. Sans doute il
redoute les conflits avec les théologiens et avec les autorités
politiques et il a été fidèle en paroles et en actes à cette
règle : « Offensiones non necessariae merito vitantur[1]. »
Mais cette « crainte », quoique réelle chez lui, n'était que le
commencement de sa sagesse philosophique, et sa prudence
avisée, ses diplomaties, avaient d'autres inspirations plus
avouables. Très sensible aux critiques, il était plus encore
désireux de l'estime; et, moins peut-être par appétit d'approbation que par politesse et par sympathie[2], il se plaisait à
donner à chacun l'impression d'une ouverture d'esprit[3], d'un
accueil toujours prêt[4], d'une déférence extrême à l'égard des

1. « Ego libenter has censuras vel vestras vel aliorum cognosco neque
contemno : pertinet enim ea res ad formulas caute loquendi, et offensiones non necessariae merito vitantur » (II, 313).

2. « Je présume toujours le meilleur. » III, 67. — « J'aime toujours
mieux me tromper à l'avantage qu'au désavantage des personnes. » III,
649; IV, 444; VI, 552. — Cf. *Elogium* G. G. Leibnitii. Acta Eruditorum,
M. Julii. A 1717, p. 336. « De nemine unquam male locutus, quin potius
omnia in meliorem partem interpretatus est. »

3. « In luto aurum latere dictitavi. » II, 344; 625; VI, 53. « Je ne voudrais pas qu'on perde la bonne graine avec la paille. » III, 384, 649. —
« C'est une expression qu'on peut excuser et même louer pourvu qu'on
la prenne bien. » III, 660. — « J'ai trouvé que la plupart des sectes ont
raison dans une partie de ce qu'elles avancent, mais non pas tant en ce
qu'elles nient. » III, 607, 624. Cf. VI, 126. « Puto conjungi debere utram-
que philosophiam et, ubi desinit vetus incipere novam. » I, 199. — « J'ai
tâché de déterrer et de réunir la vérité ensevelie et dissipée sous les
opinions des différentes sectes des philosophes, et je crois y avoir ajouté
quelque chose du mien pour faire quelques pas en avant. » III, 606. Cf.
VI, 19.

4. « J'ay cette maxime générale de mépriser bien peu de choses et de

personnes et des opinions les plus diverses [1]. A cet égard
les témoignages sur lui-même qu'il a multipliés, les preuves
que sa façon de controverser ou d'agir fournissent de son
universelle eutrapélie sont innombrables [2].

Mais il y a plus, beaucoup plus encore, chez lui, qu'une
disposition de tempérament personnel, de politesse acquise
ou même de vertu intellectuelle ; et l'explication de traits
multiples qui déconcertent un esprit allant tout droit dans ses
démarches et dans ses paroles, « à la bonne française », n'est
possible que si l'on fait appel à certaines tendances que Leibniz devait probablement en partie à sa double hérédité mi-
slave mi-germanique [3]. On a pu l'appeler un prodige d'habileté, un monstre de souplesse : c'est là sans doute forcer
calomnieusement certains aspects de sa physionomie complexe à l'extrême : douceur insinuante, exquise urbanité,
désir de plaire, plasticité indéfinie et protéiforme, aptitude

profiter de ce qu'il y a de bon partout. » III, 384, 562. — « Je ne mes-
prise rien, pas même les découvertes de grammaire. » II, 539.

1. Par exemple, il distingue la personne de ses opinions, la doctrine
même de ses conséquences et, autant qu'il le peut, excuse : « J'espérais
que ma réponse, si elle ne satisfaisait pas à D. Régis, l'empescherait
toujours de m'imputer que j'attaquais la religion de M. Descartes, puisque j'ai dit que je ne lui impute pas les mauvaises conséquences qu'on
peut tirer de sa doctrine » (20 février 1698. Fragment inédit d'une lettre
inédite de Leibniz à *Nicaise*, chanoine de Dijon qui en fit part à Huet.
— Firenze Bibl. Medico Laurentiana. — Mo. F. Ashburnam, 1886, vecch.
port. 18, 14. — Texte trouvé par mon ami L. G. Félidier, qui fut professeur et doyen à la Faculté des lettres de Montpellier).

2. C'est l'ennemi de toutes les outrances et de toutes les entraves.
« Valde noxium est constringi in dies sentiendi libertatem non necessa-
riis definitionibus. » II, 337. — « Doleo ob controversiam non maximi ut
mihi quidem videtur momenti. Damnatas propositiones nasi cerei similes
puto, cum nemo nesciat quam varie possibilitatis necessitatisque nomina
accipiantur. » II, 328, 329. — « Porro quae ad irrisionem faciunt, pejora
dictis injuriosis censeo ; nam magis mordent et minus facile depelluntur. »
II, 337. — « Persecutiones ob sententias, quae crimina non docent,
pessimas censeo, a quibus non tantum abstinendum sit probis, sed et
abhorrendum. » II, 337.

3. *Boutroux*, La Monadologie de Leibniz. Notice, p. 2.

aux langues les plus diverses, tout cet ensemble musical de qualités qui forme si souvent le charme harmonieux des Slaves ; Leibniz qui semble les avoir possédées à un degré éminent, y a joint par surcroît les richesses tout autres encore de l'esprit germanique : d'où son étonnante et prestigieuse personnalité qu'il nous faut pénétrer plus avant.

On a dit[1] de l'Allemand qu'il est « bicéphale » pour signifier qu'il allie volontiers les contraires, presque les contradictoires, épris qu'il est d'idéalisme tout en s'attachant violemment à la réalité parfois la plus brutale, positif et sentimental, romantique et critique, capable d'intuition en même temps que de virtuosité dialectique, curieux des dessous obscurs autant que vigoureux constructeur d'architecture logique, tous ces traits de race s'accordent dans le sentiment à la fois spontané et systématique du *devenir,* qu'il s'agisse d'un développement naturel des êtres vivants, ou de l'évolution sociale, ou des démarches de la philosophie, ou de l'histoire religieuse. Ce sens de la vie toujours en train de muer par la poussée des forces obscures ou par la discipline calculatrice de l'idée, apparaît comme la note caractéristique du génie multiforme de l'Allemagne, et elle est aussi celle de l'esprit leibnizien qui se plaît aux contrastes et se joue à les résoudre. Aussi a-t-on pu remarquer combien spontanément cette pensée, depuis Eckhart et Jacob Boehme jusqu'aux métaphysiciens post-kantiens, s'oriente aisément vers un panthéisme tantôt naturaliste, tantôt idéaliste, mais où ces deux faces ne se séparent jamais complètement ; car c'est le propre du panthéisme d'unir les contraires et de réconcilier thèses et antithèses en des synthèses de plus en plus compréhensives.

En me parlant un jour, à propos de l'énigme du *Vinculum*

---

1. Dans son livre sur les Allemands, le P. Didon a longuement employé cette expression qui prouve une méconnaissance de l'unité plus profonde que dissimule cette superficielle dualité.

et de la difficulté constante de saisir précisément les pensées
« de derrière la tête » chez Leibniz, Émile Boutroux me contait
deux souvenirs de son expérience personnelle. — Au sortir
de l'École Normale, dans un voyage d'étude en Allemagne,
en 1868, il avait été accueilli en divers milieux universitaires :
là, ne se risquant pas encore à parler l'allemand qu'il comprenait déjà fort bien sans qu'on l'en crût capable, il avait
reçu force démonstrations d'amitié et d'admiration pour la
France, mais sans les prendre toutes à la lettre; et cette
défiance n'était point téméraire, car de l'un de ses hôtes, qui
venait de surpasser toutes ces adulations, il avait entendu
cette parole murmurée à un autre professeur avec un geste
qui le désignait : « Nous ne voulons avoir rien de commun
avec ces gens-là! » Mais plus expressif encore est l'autre trait
que voici. Un professeur de théologie avait devant lui, dans
un salon universitaire, traité librement des questions christo-
logiques qui passionnaient alors les esprits cultivés et les
lecteurs de Strauss : dans l'intimité, cet homme célèbre avait
nié radicalement la divinité de Jésus. Comme, le dimanche
suivant, notre théologien, qui était en même temps un prédi-
cateur très réputé, devait se faire entendre au Temple sur le
problème du Christ, Émile Boutroux, saisissant l'occasion de
perfectionner sa connaissance de l'allemand et de l'âme germanique, ne manqua pas d'aller apprécier l'éloquence et
l'apologétique du savant orateur. : or, avec éclat, avec
flamme, la divinité du Christ fut proclamée, démontrée; et,
ajoutait mon Maître, « j'ai compris que ce qui paraît, jusqu'au
scandale, choquant pour nos exigences de franchise n'avait
pas pour un Allemand le caractère d'insincérité qui cause à
notre amour des idées claires et des attitudes logiques un
malaise presque insupportable ». Il était allé s'en expliquer
avec le professeur-prédicateur : « Il ne faut donner à chacun,
lui fut-il répondu, que ce que chacun peut porter; des thèses

contraires peuvent même, selon les esprits, provoquer des effets identiques et également salutaires [1]. »

On comprend toutefois comment Victor Delbos trouvait « inquiétante » une telle désarticulation morale qui, chez Leibniz, s'ajoutait à la souplesse intellectuelle et à la bienveillance dissimulatrice. Dans des notes inédites et très abondantes qui prouvent sa longue intimité avec le philosophe de Hanovre, Delbos écrit ceci qui me paraît la justesse même : « L'extraordinaire complexité et souplesse de cette personnalité, constructive quand elle invente, accommodante quand elle critique, dont la pensée loin d'être solitaire et exclusivement spéculative se répand en projets politiques, en rêves d'action, en combinaisons de toutes sortes, peut par là autant qu'exciter l'admiration et l'enthousiasme, provoquer le soupçon, la défiance, la critique. De ce dernier état d'esprit à l'égard de Leibniz, on trouve une expression passablement violente et prononcée chez Dühring dans sa *Kritiche Geschichte der Philosophie*, 3ᵉ édit., 1878, p. 331 et suiv. ; pour Dühring, Leibniz fut un homme qui ne fut jamais soucieux que de sa vanité et de ses intérêts, jamais de la vérité, dépourvu

1. « Mon attention quand je suis avec quelqu'un est de deviner ses idées, et par excès de déférence de les lui servir anticipées. Cela se rattache à la supposition que très peu d'hommes sont assez détachés de leurs propres idées pour qu'on ne les blesse pas en leur disant autre chose que ce qu'ils pensent. Je ne m'exprime librement qu'avec les gens que je sais dégagés de toute opinion et placés au point de vue d'une bienveillante ironie universelle... Je mentais assez souvent non par intérêt, mais par bonté, par dédain, par la fausse idée qui me porte toujours à présenter les choses à chacun comme il peut les comprendre. » (*Renan*, Souvenirs, p. 152, 367.) Chez Leibniz et chez Renan, même manière d'agir et de parler, mais pour les raisons les plus opposées. Celui-ci estime toutes choses fausses ou du moins vaines ; celui-là les croit toutes vraies et utiles. « Cette bienveillance universelle a beaucoup nui à la popularisation des idées de Leibniz, quoiqu'elle eût pour but de l'aider. » (*Renouvier*, Manuel de philosophie moderne, p. 280.) Un jugement aussi sévère ne me semble pas tenir compte d'ailleurs de la valeur et de la forme de la doctrine leibnizienne.

de sens philosophique, tourmenté uniquement par des rêves de fortune et d'honneurs. Philosophe d'occasion, qui s'approprie constamment le bien d'autrui, — qui ne fit dans sa Monadologie que transposer des conceptions de Bruno ; sans originalité vraie, n'ayant qu'une virtuosité, et de talents secondaires, avec des facultés d'énervement des idées nouvelles, remises par lui au service des puissances sociales conservatrices. — Cette charge furieuse visait-elle juste, au moins en quelques points? Voir Rivaud.

Que Leibniz ait conçu des rêves d'action, qui tendaient à égaler l'ampleur de sa pensée, ce n'est point certes cela qui est condamnable : il faut songer aux moyens d'action que pouvait avoir alors un homme dans la société de son temps : qu'aurait-il pu sans ces instruments indispensables que sont les puissances de la terre? S'il eut le tort de n'être pas assez scrupuleux sur les moyens, le défaut de vouloir que les grandes choses qu'il concevait arrivassent par lui, c'est cependant vers de grandes choses que fut tournée d'ordinaire son activité tant politique que spéculative, et il n'est pas impossible de conjecturer que dans les entreprises qui devaient servir le plus immédiatement ses intérêts, il goûte par-dessus tout la joie d'inventer et de produire. Souci du bien public autant que curiosité universelle. »

Ce qu'il convient de dire, pour ne rien déprécier, ni rien surfaire, et pour nous laisser toute la liberté d'un examen direct et intrinsèque, c'est que Leibniz est toujours ésotérique, même hermétique, et d'autant plus parfois qu'il semble plus clair. D'où la difficulté de pénétrer son secret : qu'est-ce qui domine en lui? quelle est son idée directrice, sa perspective centrale ou finale? Ses commentateurs ne réussissent pas à se mettre d'accord. — Pour l'un, ce qui anime son entreprise, c'est un dessein logique et mathématique, la recherche d'une « caractéristique universelle », d'une logistique, d'une méthode permettant de spécifier, de manier algébriquement même les singularités individuelles. — Pour un autre interprète, c'est un grand dessein politique et humanitaire qui inspire, comme une fin supérieure, la prodigieuse diversité des moyens scientifiques qu'il met au service d'un idéal de paix universelle. — Pour un autre, il rêve l'organisation religieuse de la terre, un christianisme libre où se réconcilieront les âmes de bonne volonté, et où le surnaturel n'apparaîtrait plus que comme l'épanouissement de la nature elle-même ; le comble du Modernisme et de l'Immanentisme avant la lettre !

En présence de telles divergences, si l'on songe de plus à ce que Leibniz appelait « le tas énorme de mes papiers », dont une très grande partie, restés inédits, attendent d'être publiés dans quelque quarante ou cinquante tomes in-quarto qu'annonce l'édition à peine commencée de la *Société des Académies* [1], alors on comprend l'hésitation de Delbos à donner au public le résultat des années d'étude qu'il avait consacrées à Leibniz ; tant il redoutait la surprise de révélations ultérieures qui auraient contredit ses jugements ; et on s'explique aussi pourquoi, dans son livre « Figures et doctrines de philosophes », où il aime à montrer l'unité vivante de grandes doctrines intellectuelles et de grands caractères moraux chez les maîtres de la tradition philosophique, il a délibérément écarté ce prestigieux Leibniz du nombre des exemplaires de la plus haute humanité.

---

1. La publication effective des Œuvres complètes de Leibniz (Ecrits et Lettres) par l'Académie Prussienne des Sciences a commencé en 1923 (chez l'éditeur Gustave Fock). Elle doit comprendre sept divisions : 11 volumes de Lettres sur la Politique Générale et l'Histoire ; 6 volumes de Correspondances Philosophiques ; 5 volumes de Lettres sur les Mathématiques, les Sciences de la Nature et la Technique ; 4 volumes d'Œuvres Historiques ; 4 volumes d'Œuvres Politiques ; 6 volumes d'Œuvres Philosophiques ; 4 volumes d'Œuvres sur les Mathématiques, les Sciences de la Nature et la Technique... sauf imprévu !

Ce qui est donc peut-être le plus surprenant dans l'attitude
de Leibniz, c'est cette ambiguïté perpétuelle qui nous empêche
soit de nous confier à lui, soit de nous défier absolument de
lui ; on pourrait le comparer à Renan, mais ce serait faire
tort peut-être à l'un et à l'autre, et sûrement à Leibniz dont
les initiatives spirituelles et scientifiques ont objectivement
une portée et une originalité incomparablement supérieures.
Il n'en est pas moins vrai que chez tous deux se rencontre
une sorte d'ironie secrète, disposition faite à la fois d'agilité
intellectuelle, d'universelle sympathie, de détachement dédai-
gneux, de bienveillance hautaine et d'indépendance inaliénable : d'où cette dextérité à trouver des biais, cette aisance
tantôt à paraître se donner, tantôt à se reprendre et à se
dérober, cette façon d'aller au-devant des désirs du contra-
dicteur et de mentir même pour lui être agréable, mais au
fond pour se libé… ' pour n'être point capturé[1]. Car l'essentiel c'est de n'être dupe ni prisonnier d'aucune affirmation
qui limiterait l'inépuisable fécondité d'une pensée infiniment
inventive. « Franc comme français », pour de tels esprits cela
signifie, ainsi que je l'ai entendu soutenir : « superficiel,
étroit et vain comme une idée claire ». Mais il s'agirait justement de savoir si, aux limites extrêmes de sa pensée et de
sa vie philosophiques, Leibniz n'a pas un instant entrevu la
possibilité, la supériorité d'une autre attitude, une attitude
analogue à celle de Pascal, rapprochant les simples et les
vrais habiles, car ces simples ce sont les profonds, qui ont
peut-être raison contre les *trop habiles* qui ne sont habiles
qu'à demi ou finalement qui ne le sont pas du tout, au moins
sur l'essentiel.

---

1. « Tous ceux qui veuillent paroistre grands personnages et qui s'éri-
gent en chefs de secte ont quelque chose de bateleur. Un danseur des
cordes n'a garde de se laisser attacher pour se garantir de tomber.... »
IV, 295.

Si l'on voulait résumer dans un détail tout ce qu'il y a de
plus piquant, de plus énigmatique dans la physionomie intellectuelle et morale de Leibniz, peut-être l'épisode de ses
démêlés avec Pfaff nous présenterait-il toute sa grâce féline :
on va voir là comment il sait faire patte de velours en désar-
mant, par de feints aveux qui laissent l'illusion du triomphe
à la victime même, son censeur qui oublie dans cette satisfaction d'amour-propre le combat d'idées contre le compli-
menteur désormais admiré et presque aimé !

Dans une lettre à un personnage qualifié de *Vir Doctis-
simus*[1], le théologien protestant Christophe Matthieu Pfaff,
chancelier de Tübingen, raconte que Leibniz lui avait demandé
son sentiment sur la *Théodicée* et sur la méthode dont use
ce livre ostensiblement consacré à la réfutation de Bayle.
Question un peu surprenante : Leibniz avait eu déjà (comme
nous le verrons plus loin) à se mettre en garde contre l'esprit
soupçonneux, l'intransigeance dogmatique, et l'agressive vigi-
lance de ce personnage. Si donc il prévient cette fois le zèle
de Pfaff en le questionnant, cette demande avait sans doute
pour objet de permettre à Pfaff de soulager sa bile, à Leibniz
de calmer une ardeur impétueuse dont il venait peu aupara-
vant d'éprouver déjà l'ingérence inquisitoriale[2]. Toujours est-
il que Pfaff, avec une « ingénuité » terrible dont il se vante,
déclare à Leibniz que, sous couleur de critique, il favorise
secrètement et confirme même les erreurs et les négations de
Bayle, tandis que ce qu'il eût fallu, dit-il, c'eût été une
sérieuse, solide et grave réfutation, *ut tam periculosa sententia serio, solide et graviter refutetur*, sans se douter que ce
n'était là en aucun cas la manière de Leibniz ! Écoutons donc
l'aveu de son étonnement devant l'attitude du grand homme

1. Cf. *Acta Eruditorum*, Lipsiae, mense martii, A 1728, p. 125.
2. Cf. L'appendice A. Nous y reviendrons plus loin.

dont il s'attendait à recevoir une protestation indignée à cause
de sa franchise dépourvue d'artifice, *ob ingenuam responsionem*. « Et que pensez-vous (demande Pfaff à son correspondant anonyme) que m'ait riposté Leibniz ? » Ceci : « Il
en est tout à fait comme vous le dites, éminent et très révérend
Monsieur, écrit donc Leibniz, de Hanovre, le 2 mai 1716 (peu
de mois avant sa mort) ; vous avez finement touché le juste
point ; et je m'étonne que jusqu'ici personne n'ait deviné que
ma *Théodicée* n'est qu'un jeu de mon esprit. Ce n'est d'ailleurs
pas le métier des philosophes, de traiter toujours les choses
sérieusement, eux qui, en fabriquant des hypothèses, expéri-
mentent, comme vous le faites bien remarquer, les forces de
leur génie. Vous qui êtes Théologien, vous accomplissez votre
fonction de Théologien en réfutant les erreurs[1]. » *Rem acu
tetigisti!* Cette louange accordée à la perspicacité de Pfaff que
« personne » n'avait égalée, cette adulation lourde à souhait
comme la vanité crédule du Chancelier qui, lui, ne plaisante
pas, cet hommage malicieusement rendu à la méthode réfu-
tante et accablante d'un esprit borné et soupçonneux, cet
amusement audacieux d'un innocent qui faussement « plaide
coupable » pour le plaisir du jeu et peut-être aussi afin d'é-
chapper plus sûrement à d'inutiles controverses qui eussent
aggravé les malentendus et l'irritation d'un indésirable correspondant,... quel jour ouvert sur la virtuosité du grand homme
retors qui, parvenu à près de soixante-dix ans et n'ayant
plus rien à redouter d'aucun zèle agressif, semble, si l'on ose

---

1. Cet aveu de Leibniz aurait dû encourager Pfaff à pousser sa pointe
contre le perfide auteur. Il est curieux de noter qu'au contraire Pfaff,
plus sensible à ce qui lui est personnel qu'aux intérêts de sa théologie, — il
le semble du moins, — change d'opinion sur son correspondant et renonce
aux attaques publiques qu'il avait annoncées. Après son échange de
lettres, avec le faux défenseur de Dieu qui avait eu le mérite d'exalter
sa propre perspicacité, Pfaff renonce à écrire les *Dissertationes Anti-
Leibnitianas* qu'il méditait contre cet « *homme illustre* » devenu désormais *«vir sane judiciosissimus* ».

user d'une expression trop familière, se payer la tête de l'épais
et solennel Pfaff et garder le sourire pour deux !

Cette simple anecdote explique l'impression que paraît
avoir causée Leibniz aux témoins les plus proches de sa vie
et de sa mort. Ce personnage admiré, cet étonnant génie qui
avait entretenu une immense correspondance, exercé des
fonctions considérables, fondé l'Académie de Berlin, écrit de
nobles pages sur l'amour des hommes et de Dieu, rêvé l'union
des Églises, l'organisation du monde et de la paix du genre
humain, n'avait finalement aucun ami, aucun parent auprès
de lui ; et ses obsèques n'ont été suivies, dit-on, que par son
secrétaire ; comme si tant de belles formules et de généreuses
idées étaient demeurées de glace entre ciel et terre, et comme
si pour lui tout, même les choses du cœur et de l'âme, s'était
desséché en une lumière sans chaleur et sans atmosphère,
au point que jouant sur son nom à la faveur des à peu près de
la prononciation populaire, on l'appelait parfois à Hanovre le
« mécréant » (*glaube nichts*) — celui qui ne croit absolument,
simpliciter, rien, à force de croire à tout (*secundum quid*) [1] !

Aveux personnels, confidences des victimes, voix populaire,
n'avons-nous pas ainsi épuisé le réquisitoire qu'on peut
intenter à ce grand esprit qui ne semble pas avoir été un
grand cœur ni un grand caractère malgré d'immenses services
rendus à la science, à la philosophie et à l'humanité. On ne
nous accusera pas d'avoir tu les défauts, les défiances, les
répugnances même. Du moins comprendra-t-on ainsi la
nécessité d'une continuelle et attentive herméneutique pour
discerner comment Leibniz s'adapte toujours à ses lecteurs
ou à ses correspondants, pour déterminer le degré d'ésotérisme de ses paroles toujours plus ou moins à double ou triple
fond, bref pour n'oublier jamais au cours d'une pensée cons-

---

1. Cf. *Boutroux*, La Monadologie de Leibniz. Notice, p. 23.

tamment en mouvement de faire le point exact de chaque affirmation. Et si, dûment avertis, nous lui accordons cependant crédit dans ses rapports avec Des Bosses et sur une question obscure et délicate entre toutes, ce ne pourra être qu'à bon escient, sans qu'on nous accuse dorénavant de naïve crédulité.

Mais n'en avons-nous pas dit assez déjà sur cette attitude intellectuelle, morale même, de Leibniz pour être dispensé d'un examen préalable à l'étude du *Vinculum* et pour sembler en droit de suivre, sans entrer dans une critique minutieuse et spéciale à cette hypothèse, la sévérité presque unanime des historiens les plus autorisés ? Ne devons-nous pas, comme eux et sans plus de cérémonies, nous détourner de cette invention fabuleuse ? Leibniz s'est joué de Pfaff, *Vir summe Reverende* et son coreligionnaire. Combien plus a-t-il dû s'amuser de la crédulité de Des Bosses, obscur jésuite et de dix-sept ans plus jeune que lui !

Comment en effet admettre que lui-même, déjà plus que sexagénaire, ait pu remettre en question sa doctrine « arrêtée depuis longtemps et de manière à le satisfaire » ? Comment, alors que son siège est fait, accepter l'idée qu'à propos d'une chose qui n'est pas philosophique et à laquelle il ne croit pas, la Transsubstantiation, il dérange tout l'équilibre de son système et nous fasse agréer un conte bleu ? Comment, de cette théorie qui paraît contredire ses pensées les plus mûries et les plus closes ou même « se contredire elle-même », n'at-il jamais parlé à d'autres qu'à ce correspondant, à qui d'ailleurs il a demandé le secret de ses confidences vraiment étranges ? N'est-ce point la preuve qu'il a voulu, sinon apaiser des inquiétudes dont on ne trouve nulle part l'aveu, du moins esquiver un débat superflu par une sorte de « galéjade », comme on dirait en Provence ? Au fond, Des Bosses n'est qu'un sous-Pfaff, ou plutôt qu'un sur-Pfaff, à qui Leibniz a jeté tous

ses os, et jusqu'à sa Monadologie, pour échapper en vie à de
redoutables exigences ; et le Vinculum aurait eu pour seule
raison d'être l'espoir de les calmer.

Ce n'est là pourtant que la légende. Mais la plupart des
historiens la prennent pour réalité vraie : à l'envi, les plus
érudits, les plus pénétrants (sans d'ailleurs s'entendre entre
eux dans ce *crescendo*), déprécient ce malheureux Vinculum
et le vouent aux oubliettes. — C'est Erdmann tranchant le
débat en deux lignes, et déclarant qu'il s'agit d'une « simple
condescendance » sans portée[1]. C'est Kahle qui, dans une
dissertation sur le Vinculum, se montre plus soucieux des
motifs de défiance que du sens même de l'hypothèse[2]. C'est
Charles Secrétan qui affirme que « Leibniz n'a jamais pris
au sérieux cette doctrine imaginée, semble-t-il, pour rendre
la Monadologie agréable aux partisans de la transsubstantiation[3] ». D'autres, tels que Hartenstein, Henri Lachelier,
admettent que son désir d'entente a pu lui faire un moment
dresser cet « échafaudage de secours », — comme dit Kuno
Fischer[4], — « pour se faire bien venir des théologiens ». Mais
ils sont persuadés que cette hypothèse contredit trop évidemment toute la construction primitive pour n'avoir pas été
finalement délaissée[5]. Bref la plupart laissent entendre, s'ils
ne le disent pas, ce qu'Albert Lemoine déclare ouvertement :
vétille, que cette théologie de la Transsubstantiation dont le

1. « Nur Condescendenz gegen das Katholische Dogma. » Geschichte
der Philosophie, II, p. 258. Berlin. 2° Auflage, 1870.
2. Leibnizen's Vinculum substantiale, p. 2.
3. La Philosophie de Leibniz, p. 54.
4. « Eine Hülfsconstruction ». Gesch. der Philos., p. 388.
5. « Notissimum est quam aliena a vera ejus sententiâ plerisque
semper visa sint ea quae hic de Vinculo Substantiali superaddito monadibus nova et satis mirabilia profert... talia proponens quae nunquam
propositurus fuisset, si amici dogmatibus se minus accommodare voluis-
set. » *Hartenstein*, pp. 25-27. Cf. encore *H. Ritter*, loc. cit. — *Robert
Zimmermann*, loc. cit. — *Zeller*, loc. cit. — *Erdmann*, loc. cit. — Cf. *Win-
delband*, Geschichte der Philosophie, 1892, p. 333 sq.

nom ne se retrouve même pas ailleurs dans toute l'œuvre de Leibniz ! — Bluette, qui le tire d'un mauvais pas et du même coup rassure la foi d'un crédule. Osons le mot : « Echappatoire, digne d'un sophiste[1]. » Si bien qu'Emile Boutroux lui-même, tombant d'accord avec la plupart des interprètes, considérait d'abord cette hypothèse comme une accommodation fictive dont Leibniz ne se soucia qu'au point de vue de son correspondant, sans y voir un problème capable de l'intéresser lui-même et de trouver place dans l'enchaînement de son propre système[2].

La question ne semble-t-elle pas tranchée? Non pourtant; trop est trop; la cause serait entendue, si, à force même de déprécier le caractère de Leibniz, on ne nous contraignait à regarder de plus près les motifs de cette prétendue duplicité. Et si nous parvenions à le réhabiliter pour une part, du coup toutes ces appréciations (qui d'ailleurs se contredisent partiellement ou qui supposent des faits et des intentions certainement inexacts) devraient elles-mêmes être jugées et à leur

---

1. « Vinculum hoc nusquam alias ne nominatim quidem memorari adeo nullo admodum in pretio hoc artificium habet Leibnitius. » (Quid sit materia apud Leibnitium, p. 14.) — « Manifestum est eum hoc artificium solummodo adhibuisse quo securam faceret sacerdotis religionem... Invitus ad Vinculi substantialis artificium recurrit, jubente non ratione, sed inquieta catholicae fidei religione. » (Ibid., pp. 13, 14, 15 et 19.) « ... Nihil aliud nisi dignum Sophista effugium » (Ibid., p. 15). A la décharge de *Lemoine,* disons que la critique interne du Vinculum lui paraît pleinement confirmer les raisons extrinsèques alléguées : « Constat Leibnitium secum pugnare et a propria ipsius doctrina discrepans artificium excogitare. » (Ibid., p. 18).

2. « Le *Vinculum Substantiale* dont parle souvent Leibniz (surtout, il faut le dire, à propos du dogme catholique de la Transsubstantiation) ne saurait être autre chose que la liaison même des monades résultant de l'harmonie préétablie entre leur activité et leur passivité. Quand Leibniz paraît faire du *Vinculum Subtantiale* une réalité distincte des monades elles-mêmes, c'est là une simple accommodation au dogme catholique; et il dit nettement qu'il n'est pas plus disposé à admettre cette altération de son système, qu'à admettre le dogme catholique lui-même. » La Monadologie, p. 56.

tour condamnées par l'analyse du caractère de Des Bosses
et de ses relations avec Leibniz, par l'étude des démarches
toutes philosophiques qui ont introduit dans la discussion
l'hypothèse du Vinculum et surtout enfin par la critique intrinsèque et rigoureuse du contenu même d'une telle théorie.

*
* *

II. — Pour échapper au danger, au soupçon de partialité,
nous avions commencé par pousser au noir le portrait de
Leibniz; mais il est temps et il n'est que juste d'éclairer d'un
jour plus favorable sa physionomie qui offre de très beaux
côtés; d'autant mieux que plusieurs des griefs dont nous
l'avons chargé comportent une interprétation telle qu'en effet
certains défauts sont la rançon ou la condition même d'éminentes qualités. Jusque dans son attitude à l'égard de Pfaff,
le souci de la vérité ne nous commande-t-il pas de découvrir,
sous le cynisme apparent, un sens plus profond qui en serait
la justification vraiment philosophique? Est-ce que, pour
s'absoudre d'une plaisanterie qui eût été un peu forte si elle
n'avait été qu'une pirouette de sa part, Leibniz n'a pas songé
qu'en effet toutes ses explications restaient incomplètes; que
ceux qui s'y tiendraient, pour le suivre à la lettre, seraient
peut-être aussi incompréhensifs et dangereux que des contradicteurs obtus; que la fécondité de son esprit, ne s'était
épuisée en aucune de ses thèses; que par le point où ses
doctrines se déterminent en des formules, elles restent inadéquates et par là même désavouables; que s'il est bon de
controverser avec des hommes comme Bossuet sur le formulaire dogmatique, il est peut-être meilleur encore, à son point
de vue personnel, de tenir toujours la porte ouverte à des
palinodies qui répondent au besoin, au devoir de réserver

l'infini développement de l'esprit[1]? Et le fruit de cette prestigieuse souplesse, n'est-ce pas toute l'évolution de sa propre pensée qui (depuis ses hésitations d'adolescent sur les « formes substantielles » de l'Ecole[2], jusqu'aux dernières heures de sa solitude de septuagénaire) n'a été qu'un renouvellement progressif de perspectives : si l'on gravit une montagne conique par un chemin en spirale, les mêmes vues ne reparaissent-elles point sans cesse élargies et changeantes, sans qu'il soit possible d'embrasser à la fois tout l'horizon, à moins d'être parvenu à la fine et unique pointe ? Mais Leibniz est-il arrivé à ce sommet ? A-t-il même supposé qu'il pût exister ? Et si la pyramide des mondes possibles a selon lui une cime unique mais sans base, est-ce que les constructions architectoniques, où se joue l'infatigable virtuosité de l'esprit philosophique[3], peuvent atteindre, selon son sentiment, le système définitif et exclusif? Ou bien le *Vinculum* ne lui aurait-il pas plu et répugné à la fois, parce qu'il y entrevoyait la clé de voûte qui ferme tout et clôt les jeux? Si bien que nous aurions découvert en cela la raison même de ses flottements et de ses allures onduleuses.

1. « C'est ma méthode : je n'ay pris parti enfin sur des matières importantes qu'après y avoir pensé et repensé plus de dix fois, et après avoir encore examiné les raisons des autres.... J'ai changé et rechangé sur des nouvelles lumières », 1697, III, 205. « Je ne suis pas de ceux qui sont entêtés et la raison peut tout sur moi », III, 189. « Je suis des plus dociles », IV, 258, 260, 276 ; V, 15. « J'en ai esté enfin convaincu comme malgré moy après en avoir esté assez éloigné autres fois », 1686, II, 58.

2. « La plus part de mes sentiments ont esté enfin arrestés après une délibération de 20 ans; car j'ay commencé bien jeune à méditer; et je n'avais pas encore 15 ans, quand je me promenais des journées entières dans un bois pour prendre parti entre Aristote et Démocrite. Et ce n'est que depuis environ 12 ans que je me trouve satisfait, 1697 » (III, 205).

3. On se souvient du sens favorable (p. 2, n. 1) que, sous la plume et dans la pensée de Leibniz, a pris plusieurs fois le mot *jeu*. L'esprit « joue » pour exercer ses plus hautes, ses plus libres facultés, et en quelque sorte pour imiter la puissance architectonique de Dieu ou en retrouver les secrets desseins.

Toujours est-il que, s'il évite en général de contredire, c'est moins faute de courage intellectuel que recherche des occasions d'assouplir sa propre pensée, en la faisant toute à tous, selon sa maxime qu'une charité universelle est pour le sage simple justice. Aussi est-ce en toute vérité qu'il a pu dire : « Je me plais extrêmement aux objections des personnes habiles et modérées ; car je sens que cela me donne des nouvelles forces comme dans la fable d'Antée terrassé [1]. » Autant donc il redoute les esprits sectaires ou présomptueux, autant il apprécie ceux de ses correspondants qui lui fournissent des occasions de discuter ses propres hypothèses et de prendre en considération des textes ou des aspects dont il ne s'était pas encore rendu compte [2]. Jamais, peut-on dire, il n'a publié une de ses thèses personnelles sans d'abord en avoir fait l'expérience sur des amis ou des contradicteurs capables et de comprendre sa pensée, et de la discuter après l'avoir comprise, et au besoin de la garder secrète après l'avoir discutée. De tels correspondants, il déclare qu'il les désire par dessus tout et les harcèle de ses instances urgentes.

Or cet exemplaire du parfait confident, de l'homme ouvert, modéré, érudit, dévoué et discret, il semble que ce soit là tout le vrai portrait du Père Des Bosses ; et Leibniz dans sa Théodicée (VI, p. 160 et 347) lui rend ce public hommage : « Le Révérend Père Des Bosses, qui enseigne la théologie dans le collège des Jésuites de Hildesheim, joint une érudition peu commune à une grande pénétration qu'il fait paraître en philosophie et en théologie. » Originaire de Hollande, Des Bosses entra dès l'adolescence dans la Compagnie de Jésus où, comme l'indique Hartzheim (Bibliotheca coloniensis, t. I, p. 278), il

_____

1. Des Maizeaux, *Recueil de diverses pièces*, t. II, p. 415. Cf. VI. 66.
2. « Objectiones amat plausibiles. » II, 310. — « Discussio non spernenda erit, modo abstineatur utrinque odiosis quae non aedificant, sed destruunt. » II, 327.

obtint la réputation la meilleure d'un érudit plein de science,
de piété, de douceur : « *erat indolis supra modum candidae,
facilis et perhumanae* ». D'ailleurs, Leibniz, qui n'a rien d'Eu-
gène Sue et que les Provinciales mêmes ne semblent pas
avoir ému, a répété que la Société de Jésus est vraiment
insigne par l'érudition et la modération d'un grand nombre
de ses membres (II, 591 ; IV, 346, 349, etc.).

Il n'est donc .pas étonnant que, pendant plus de dix ans,
Leibniz ait correspondu assidûment avec un homme qui lui
témoignait d'ailleurs une respectueuse estime autant qu'une
entière franchise, toujours prêt à lui présenter ses propres
réflexions, à lui communiquer des nouvelles, à lui prêter des
livres, à lui fournir même un secrétaire et un libraire ; en
sorte que Leibniz atteste sa grande reconnaissance pour maints
services rendus[1]. Mais le plus grand de ces services, c'est de
pouvoir parler librement avec un homme sûr dont les objections, dit-il, sont d'ordinaire pénétrantes : « Objectiones tuae
acutae esse solent » (II, 495). Bien plus, Leibniz approuve et
encourage le projet du Père Des Bosses qui entreprend la
traduction latine de la Théodicée ; puis, à mesure qu'avance
ce travail délicat, Leibniz est de plus en plus favorable, ajoute
des corrections et des compléments, et déclare finalement que
cette traduction est tout à fait selon son vœu ou même qu'elle
l'emporte çà et là sur le texte original (II, 427 et 433). Il s'excuse
même de prendre tant d'heures à Des Bosses et le regrette-
rait davantage si cet effort ne contribuait à lui faire pénétrer
à fond une doctrine que Leibniz voudrait voir mise en forme
didactique par Des Bosses lui-même ; et quelle marque plus
grande de confiante estime pourrait-il donner ? « Vellem va-

---

1. II, 502-505. Cf. App. C : « Quod mihi (Bossaeo) arbitrium defers
in Tua cum Hartsoeckero controversia... » — « Multum prodesse posse ad
profundiorem rerum cognitionem per animos dilatandam facile intelligo. » II, 490.

cares mihi redigere totam meam Metaphysicen, in disciplinae formam » (II, 499). Dès lors, on s'explique les tenaces explications, les tentatives d'approfondissement, les discussions relatives aux problèmes les plus ardus qui font de cette correspondance la plus étendue, la plus riche peut-être, de toutes celles de Leibniz; d'autant plus que, chose presque unique, ce n'est pas seulement le commerce intellectuel, mais l'attachement cordial qui s'y manifeste. Une vraie amitié confiante a existé visiblement entre ces deux hommes, malgré tant de disproportions et de divergences, qu'ils n'ont d'ailleurs jamais songé à se dissimuler l'un à l'autre. On peut dire que Des Bosses avait un attachement sincère, une sollicitude pieuse, un dévouement respectueusement affectueux[1] pour Leibniz auquel, après sa mort, il rendit ce témoignage : « Il s'en faut bien que le commerce épistolaire de ce grand homme y soit tout renfermé (dans le recueil de ses lettres qui viennent d'être éditées à Leipzig) : une grande partie se trouvera en son temps dans les archives de Hanovre et ailleurs. Les originaux des lettres qu'il m'a écrites, que je destine pour la Bibliothèque des manuscrits de votre Collège, doivent être envoyés par une commodité sûre; car il ne faut pas risquer un tel trésor dont le prix croîtra avec le temps[2]. »

Comment, dès lors, comprendre la légende qui, sans plus ample examen, fait de Des Bosses une dupe enfantinement crédule de Leibniz? Comment même un esprit aussi élevé et pénétrant que Charles Secrétan, après avoir déclaré que « les lettres de Leibniz au Père Des Bosses sont riches en solutions sur le sens intime des théories que Leibniz présentait souvent d'une manière plus ou moins populaire » (La philosophie

1. Cf. II, 490, 491, et Cf. App. C : « Alios annos (etiam de meis) plurimos sospes felixque decurre. » — « Orandus Pater luminum, ut quod in te coepit, perficiat. » (II, 809.)

2. Des Bosses venait d'envoyer au Père Tournemine soixante-et-onze lettres de Leibniz (Cf. De Backer, t. VII, p. 128-129).

de Leibniz, p. 39), soutient-il un peu plus loin, sans l'ombre
d'une preuve : « Il y a tout lieu de croire, d'après la correspondance où on la trouve, que Leibniz n'a jamais pris au
sérieux cette doctrine du *Vinculum* » (*ibid.*, p. 54)? Nous
avions fait tout à l'heure le procès de Leibniz : il serait peut-
être trop facile de faire le procès de ses historiens [1], de montrer
la légèreté de leurs jugements contradictoires entre eux sur
une doctrine qu'ils n'ont pas pris la peine d'examiner en elle-
même ou qu'ils n'ont pas su comprendre, victimes qu'ils
étaient d'une prévention qui les a dissuadés de faire une enquête sur la façon dont la controverse *de Vinculo* s'était
engagée, poursuivie, terminée. Car du moment où les causes

---

1. Il serait curieux de noter les « variations » des critiques qui, au
pied levé, condamnent d'inspiration le *Vinculum* en se contredisant les
uns les autres et parfois en se contredisant soi-même. S'ils ont reproché à l'hypothèse leibnizienne de se détruire elle-même par ses in-
cohérences, peut-être feraient-ils bien d'ôter d'abord la poutre de leur
œil. N'ont-ils pas à la fois reproché à Leibniz d'avoir voulu taire son
invention et s'en servir ostensiblement pour se rendre favorables les
catholiques en se prévalant de l'accord de sa doctrine avec la Théologie? Tour à tour on parle de la foi inquiète de Des Bosses et de son
dogmatisme exigeant, etc. Et le pire c'est que les interprétations ainsi
accouplées malgré leur discordance sont les unes et les autres fausses.
Du moins justice commence à être rendue. Si naguère encore M. *Bertrand Russell* reprenait la vieille légende comme une vérité acquise et
qui n'a même plus à être discutée (« Thus the *Vinculum substantiale* is
rather the concession of a diplomatist than the creed of a philosopher »
— (*op. c.*, p. 152), en revanche la *Société lyonnaise de philosophie* a, en
janvier 1929, admis, sans protestation d'aucun de ses membres présents,
que l'hypothèse du *Vinculum* intéresse les plus essentielles difficultés
de la métaphysique leibnizienne. Enfin, dans sa thèse de doctorat (intitulée : « La notion de substance » et soutenue à Grenoble le 31 mai 1929),
M. l'abbé *Régis Jolivet* a bien voulu écrire : « M. Blondel a pu montrer,
d'une manière qui ne laisse aucun doute, que l'adjonction du *Vinculum
substantiale* à la notion primitive de la substance selon Leibniz n'a pas
été déterminée principalement par des soucis d'ordre théologique, mais
plutôt par des difficultés intrinsèques à la première forme de la Monadologie » (p. 163). Je ne suivrais toutefois pas l'auteur dans toutes les
interprétations qu'il donne des textes ni dans le jugement final qu'il
porte sur le *Vinculum*. Mais son témoignage favorable n'en est que plus
expressif.

de défiance ou de discrédit qui résulteraient du caractère des controversistes sont écartées, il ne reste, en dehors de ces raisons personnelles ou subjectives de suspicion, que des arguments objectifs à discuter. Ces arguments peuvent se fonder ou sur les conditions extérieures du débat ou sur la critique interne de la doctrine elle-même. Pour ne rien omettre, et afin de graduer notre examen, considérons d'abord les circonstances topiques du litige. Avant de scruter la signification intrinsèque d'une théorie qui semble si onéreuse, il est bon de nous assurer par tous les moyens possibles qu'il ne s'agit pas d'une sorte de mystification. Prenons donc cette précaution, en examinant la genèse et les péripéties d'une controverse où il importe de savoir comment a surgi l'idée du *Vinculum* et quelle a été l'attitude exacte des deux personnages en cause, à qui, nous l'avons déjà entrevu, on a d'ordinaire prêté un rôle très différent du leur, un rôle presque contraire à celui qu'ils ont joué réellement. Si cette enquête est favorable, c'est alors que, cessant d'être des témoins du dehors, nous pourrions devenir partie au procès et nous mêler comme acteurs au drame métaphysique où peut-être se trouve engagé à fond l'avenir de la philosophie.

*
* *

III. — Parmi toutes les questions qui occupent cette longue et souple correspondance, les plus importantes difficultés concernent une question métaphysique, celle non plus de la *nature* ou de la *communication* des substances conçues comme des monades, mais de leur organisation, de leur *composition,* de leur *union métaphysique,* de leur *liaison substantielle.* C'est à ce propos que, de même que les géomètres s'aident de figures et les physiciens d'expériences pour établir les vérités générales qu'ils dégagent des exemples particuliers et instructifs, le mystère eucharistique est allégué pour préciser la thèse d'après laquelle, au delà de tout ce qui est accessible aux sens ou au raisonnement, se constitue une réalité invisible et ontologique qui, sans contredire les données expérimentales, les dépasse dans un ordre transcendant : en sorte que l'unité organique du Christ, présent sous les multiples apparences, forme une unité irréductible à toute division de la matière, à toute analyse même métaphysique des monades. D'où ce problème : au delà des éléments simples que l'analyse métaphysique suppose en tout être complexe, n'y a-t-il pas d'abord et surtout une réalité dominant, unifiant ces éléments eux-mêmes, plus réelle qu'ils ne le sont eux-mêmes, capable de subsister même sans eux et échappant par là à la dispersion à laquelle une métaphysique idéaliste expose tous les êtres complexes dont l'unité apparente semble ne pouvoir être que subjective? En d'autres termes, ne faut-il pas poser une thèse radicalement réaliste qui attribue à la substance composante priorité, supériorité sur les éléments subordonnés et en apparence antérieurs au composé lui-même ?

Mais sortons des procès de tendance et des arguments généraux pour entrer dans le détail des faits, dans l'enchaînement des dates et dans le vif de la controverse.

A quelle date apparaît pour la première fois l'hypothèse et le nom même du *Vinculum* ? C'est dans la lettre de Leibniz du 5 février 1712, c'est-à-dire six ans après le début de son commerce épistolaire avec Des Bosses, quand la confiance mutuelle régnait déjà en permettant de varier librement tous les sujets, toutes les objections, toutes les tentatives d'explication (II, 434).

Est-ce la première fois qu'il était question entre les deux correspondants de la transsubstantiation et des difficultés métaphysiques que peut susciter le désir de la rendre « pos-

sible » au regard de l'esprit philosophique ? Pas du tout. Dès
le 6 septembre 1709 (II, 388), une paisible étude sur les conditions du mystère eucharistique avait été abordée et close à
la satisfaction des deux correspondants qu'on ne peut même
appeler des controversistes. Après cette conclusion sereine,
quinze lettres sont échangées, sans qu'il soit de nouveau
question de l'Eucharistie ; et, chose remarquable en notre
examen, ce n'est pas à propos de ce mystère que le *Vinculum*
surgit dans la pensée de Leibniz.

De plus, chaque fois que dans cette correspondance il est
question du sacrement et de la transsubstantiation, ce n'est
jamais de la vérité ou du fond de ce dogme, mais de son
mode de réalisation qu'il s'agit. Mieux encore, jamais le
problème ne porte sur cette possibilité ou cette réalité de la
transsubstantiation comme sur l'objet direct de la discussion.
Ce n'est toujours qu'un exemple précis dont il est fait usage
pour fixer plus aisément le sens très délicat à saisir d'une
investigation qui dépasse toutes les apparences sensibles,
tous les phénomènes qu'analyse la science, toutes les notions
d'une métaphysique trop attachée encore aux données du
sens commun et aux analyses de la pensée discursive.

D'ailleurs, Des Bosses déclare n'avoir nul besoin du *Vinculum* et il se contente (verbalement) en déclarant que des
« accidents *absolus* », c'est-à-dire séparables, au sens étymo-
logique du mot, lui suffisent sans recourir, au delà des phénomènes sensibles et des monades métaphysiques, à une
tierce réalité telle que serait l'*Unio* ou le *Vinculum* que
Leibniz lui propose ; ce n'est donc pas pour lui faire plaisir,
pour s'accommoder à sa foi inquiète ou curieuse, pour répondre à ses instances de philosophe ou de théologien, que
Leibniz revient instamment et à maintes reprises vers son
hypothèse ; et s'il excite Des Bosses à scruter, à discuter, à
peser le *Vinculum*, il semble qu'il s'en sert principalement

ou même exclusivement pour attirer la réflexion du Jésuite
sur une difficulté que celui-ci n'a pas complètement aperçue,
et réalisée en son esprit, que lui-même voudrait scruter plus
à fond et pour laquelle il espère que Des Bosses finira par
lui offrir des arguments capables de porter réellement pour
ou contre elle. A vrai dire, Leibniz, avec sa pénétration
supérieure et sa plasticité intellectuelle qui lui permettent
d'entrer dans l'esprit des autres plus à fond que les autres
n'y entrent eux-mêmes, estime avoir vu que, si l'on croit
comme Des Bosses et les catholiques à la transsubstantiation,
il faut conséquemment aboutir à la doctrine qu'il inscrit
sous ce nom du *Vinculum substantiale;* terme inédit, parce
que la difficulté profonde à laquelle il répond n'a pas encore
été expressément discernée et se trouve encore inédite elle-
même. Devant les résistances de Des Bosses qui ne voit pas
la nécessité ou même l'utilité de ce *Vinculum,* Leibniz fait
un nouvel effort pour découvrir une explication de la possibilité de la transsubstantiation ; et, le 26 mai 1716 (II, 520),
il esquisse une autre tentative d'élucidation. Kahle a tiré de
là un argument contre le *Vinculum* et contre le caractère
sérieux de cette hypothèse qui lui semble flottante [1] : non,
c'est seulement la preuve que le *Vinculum,* auquel Leibniz
revient sur le terrain métaphysique, n'a pas pour lui d'intérêt
théologique. S'il y insiste, c'est afin de tirer au clair un problème intrinsèquement philosophique dont il a cherché seulement à faire apercevoir à Des Bosses et à mesurer lui-même
la nécessité, la profondeur et, pour reprendre un de ses mots,
l'urgence.

Ainsi sommes-nous préparés à surmonter une objection,
la seule peut-être qui n'ait pas été élevée contre le *Vinculum,*
et la seule cependant qui pourrait spécieusement faire douter

---

1. *Kahle,* op. cit., p. 28.

de l'intérêt que Leibniz y a pris. D'après les *Acta Erudi-torum* (anno 1715, p. 376), Pfaff, que nous connaissons déjà, enregistre une déclaration qu'il avait obtenue de Leibniz après avoir sans doute eu vent de sa correspondance avec Des Bosses et de sa recherche d'une explication favorable au dogme catholique. Or Leibniz (et c'est peut-être ici que nous découvrons la raison pour laquelle il devait en 1716 se jouer, comme nous l'avons vu, de Pfaff) avait déclaré que, à son point de vue — car il appartenait à la confession d'Augsbourg qui admet la Consubstantiation en excluant la Trans-substantion — il n'était nul besoin d'un *Vinculum* ou d'un troisième terme surajouté à la présence, matérielle du pain, et spirituelle du Christ; ce qui donnait satisfaction aux exigences menaçantes de Pfaff, pour qui l'union sacramentelle est simplement idéale, la conjonction ne s'étendant pas, selon lui, au delà de l'acte du fidèle qui en recevant une chose terrestre participe *en même temps à une vérité céleste*[1].

Que Leibniz se soit désintéressé du rôle théologique qu'on pouvait, à tort ou à raison, attribuer au *Vinculum*, cela n'offre rien de surprenant; et cette fois, nous n'avons aucune difficulté à faire crédit au témoignage qu'il rend à Pfaff de son loyalisme protestant. Mais tout autre est le problème qu'il a en tête dans sa correspondance avec Des Bosses; et il va devenir nécessaire d'aborder enfin, directement et à fond, ce problème capital. Jusqu'ici en effet nous n'avons cherché qu'à exclure les raisons préalables de doute, de défiance ou de négation : il semble que, sur ce premier point, nous pouvons conclure à

---

1. Voir l'appendice B qui reproduit ce texte expressif dont il n'a pas été tiré suffisamment parti. Il est à remarquer d'ailleurs que, dans les griefs de Pfaff et dans les réponses de Leibniz, le mot *Vinculum* n'est pas *prononcé*, et la *théorie à laquelle il sert* d'enseigne dans la correspondance avec Des Bosses n'est pas mise en cause. Leibniz se défend simplement de supposer, pour sa part, un *tertium quid superadditum* dans l'Eucharistie.

l'insuffisance radicale des critiques élevées contre la sincérité et le sérieux de l'hypothèse leibnizienne. Aucune raison extrinsèque ne saurait donc rendre superflue une étude sans prévention, un examen critique du contenu même de cette théorie toujours si peu connue et si peu comprise.

Qu'on n'objecte pas qu'une dernière raison d'incrédulité tient à ce fait qu'il n'a parlé qu'à Des Bosses de cette invention tardive de sa vieillesse. Car il indique lui-même le motif de ce fait et en énonçant la difficulté en termes purement métaphysiques : ce n'est qu'avec Des Bosses qu'il a eu l'occasion de traiter ce problème[1]. « Hoc argumentum de Phaenomenis ad realitatem evehendis vel de Substantiis compositis non nisi per occasionem litterarum tuarum tractavi[2]. » Est-il donc possible ou vraisemblable que jusqu'à soixante-cinq ans

---

1. II, 499. — « Vereor ne, quae diversis temporibus hac de re ad te scripsi, non satis bene cohaerant inter se, quoniam scilicet hoc argumentum non nisi per occasionem litterarum tuarum tractavi. » Ep. CXXI. II, 499. Remarquer d'ailleurs les contradictions au sujet de la disparition ou de l'indestructibilité des *Vincula*, spécialement II, 475, 481, 483. — « Quae inter nos acta sunt de philosophicis rebus non puto communicationi in publicum qualicumque apta esse, divulsa scilicet ~t non in systema collecta. Tibi ea sapienti scilicet, non quibusvis scripsi. » II, 328. — Et il a souvent indiqué les raisons de cette réserve : « Il n'y a que très peu de personnes à qui j'aye fait part de ce raisonnement » (III, 60). — « Je n'écris pas tant pour paroistre que pour approfondir la vérité, qu'il est souvent inutile et même dommageable de publier par rapport à des profanes qui sont incapables d'en juger, et fort capables de la prendre de travers. » III, 67. — Comme il le dit encore ailleurs, on comprend aisément « quantae sit molis res a captu vulgi et plerumque prae judiciis satis remotas demonstrare liquide et a sinistris hominum imperitorum et saepe malevolorum censuris tutas praestare » (II, 162).

2. Nous verrons d'ailleurs bientôt comment et pourquoi cet énoncé du problème est équivoque et a trompé d'ordinaire les historiens : car Leibniz *semble* chercher à substantialiser les apparences phénoménales des êtres complexes, alors qu'*en réalité* il vise une unité vraiment ontologique, dont les données empiriques ou les analyses métaphysiques elles-mêmes peuvent traduire ou exiger la causalité profonde, mais ne la constituent ou ne la représentent à aucun degré. Voir à ce sujet le chapitre suivant.

Leibniz ait négligé un si grave problème et qu'une si originale
solution ait été jusque-là laissée de côté dans tous ses autres
écrits? Et puisqu'il l'estimait de si grande importance « tanti
momenti », puisqu'il la considérait comme vraiment « sienne »,
cette hypothèse peut-elle le surprendre comme un débutant
qui tâtonne et varie parfois? Oui, malgré le paradoxe qu'il y
a à le soutenir. Nous allons voir que jamais Leibniz n'a cessé
de réformer, de compléter, de renouveler sa propre pensée.
C'est justement de ses inventions les plus personnelles qu'il a
toujours différé l'expression publique[1]. Jadis déjà, après avoir
cru se satisfaire sur la nature des substances, et se trouver au
port, il s'était, selon son aveu, vu rejeté en pleine mer, quand
il avait rencontré le problème de la communication de ces
substances; car l'idée qu'il était désormais amené à s'en faire
ne lui permettait plus les solutions paresseuses de ceux qui
n'apercevaient là aucune difficulté métaphysique. Eh bien, de
même, il découvrait maintenant un nouveau problème portant,
non plus sur l'action mutuelle des diverses substances, mais
sur leur union profonde, sur leur composition réelle, sur leur
organisation vraiment intrinsèque, vraiment « substantielle »
elle-même. Que vaut un tel problème? Est-il normal, inévitable, soluble? Que vaut la solution ébauchée par Leibniz?

1. C'est surtout ce qui a trait à la nature des corps, à la notion des
substances et à leur communication, qui a été pour Leibniz l'occasion
de changements et d'atermoiements : « Ceterum sunt in his omnibus
aliqua adhuc profondius discutienda quod lata occasione non omittam »
(II, 172, 1699). Et depuis ce qu'il appelle « l'enfance de sa philosophie » (II, 187, 1699), il n'a cessé d'enrichir sa pensée : « Utinam medita-
tiones meas metaphysicas de natura substantiae et hinc pendentibus
aeque clare exponere possem aut digestas haberem, uti partem dyna-
mices Mathematicam habeo!... Sed facilius mihi est hactenus respondere
objectionibus quam omnia perfecte explicare et demonstrare liquide »
(II, X, 162). — « Sentio quaedam desiderari adhuc, aliqua non recte exponi »
(II, 294). — Il ne s'agit pas seulement d'un défaut d'exposition, mais de
difficultés de fond (Cf. II, 97, 162, 187; IV, 116 et 295). « L'autre difficulté
est sans comparaison plus grande et j'avoue que je ne m'y satisfais point »
(II, 71).

C'est là ce que nous avons maintenant à scruter sans arrière-pensée. Tout ce qui précède était nécessaire pour déblayer le terrain, mais seulement pour le déblayer, pour nous conduire au seuil de la doctrine elle-même que nul, peut-on dire, n'a jusqu'ici pris la peine d'interroger directement et d'explorer en son intime structure. Rien ne reste pour nous dissuader, mais rien n'a encore été dit pour nous dispenser de cette expertise foncière qui seule permettra la sentence arbitrale entre tant d'accusations s'entrechoquant. Théorie, nous dit l'un, qui ne tient pas debout et n'a aucun sens pour un philosophe. — Théorie, nous dit un autre, qui contredit toutes les doctrines les plus certaines et les plus systématiques de Leibniz. — Théorie, déclare un troisième, qui se contredit et se détruit elle-même[1]. — Est-ce donc si sûr que cela? Nos investigations précédentes nous ont rendus un peu sceptiques sur l'impartialité et la perspicacité des censeurs du *Vinculum*, traité d'expédient insincère et d'échappatoire sophistique. Avons-nous donc à les croire sur parole, quand ils refusent à cette invention l'ombre même de cohérence qui donne au moins une apparence de réalité à ces « fictions ingénieuses » et à ces « jeux d'esprit » où Leibniz déclara se complaire? Et n'y découvrirons-nous pas même beaucoup plus que cela? Nous allons donc enfin entrer dans le vif de la question, après les longues manœuvres d'abordage qui étaient rendues nécessaires par les préjugés accumulés, par les équivoques de la terminologie, par les flottements de Leibniz, par le caractère d'arrière-plan et l'inévitable ésotérisme du problème lui-même.

---

1. « Cette théorie se détruit donc elle-même; et nous sommes obligés d'en revenir à la première : Il n'y a d'objectif que les monades. L'unité de l'être organique est une unité idéale » (*Ch. Secrétan*, La Philosophie de Leibniz, p. 54).

CHAPITRE II

Origine et place du *Vinculum* dans la doctrine étagée de Leibniz.

Trop souvent on juge avant de comprendre : notre première tâche doit donc être de saisir l'authentique signification de la théorie contestée. Or, si l'on s'est communément mépris sur le sens et la portée du *Vinculum*, c'est pour n'avoir pas discerné le rang qu'occupe le problème auquel il propose une solution, dans l'enchaînement du système étagé et continu de Leibniz. En nulle doctrine, la place exacte des questions à poser n'importe davantage. Faute de préciser cette place, il devient impossible de fixer la valeur des points de vue et des conclusions. Sans doute, à force de souplesse et d'eutrapélie, il semble que Leibniz soit capable de tout dire : oui, mais il n'en demeure pas moins vrai que, par devers lui, il situe chaque chose à son étage, il place chacune de ses vues à un degré nettement défini de la hiérarchie de ses pensées. Et c'est précisément ce *situs* qui fait la vérité réelle de ses thèses toujours intimement, quoique diversement, liées les unes aux autres. Aussi, en regardant bien, nous ne devrons pas être surpris que ce *Vinculum*, malgré son nom inattendu et énigmatique[1], ne soit

---

1. Si imprévu qu'il soit, ce terme comporte une justification. La monade ou substance simple comprend deux « ingrédients », une matière première et une entéléchie. Or, attiré par la recherche instinctive d'une symétrie, Leibniz semble avoir d'abord esquissé, pour la substance composée qu'il avait désormais en vue, une théorie parallèle : l'*Unio metaphysica* était destinée à exprimer la synthèse des activités, le

pas « un enfant trouvé » qui aurait été laissé par terre à la porte ou au rez-de-chaussée de la doctrine leibnizienne. Nous verrons au contraire bientôt que, pour en sainement juger, il faut avoir traversé tous les appartements du philosophe et être monté jusqu'à sa terrasse secrète, invisible d'en bas, mais donnant sur l'ensemble du paysage spirituel une vue dominante et éclairante.

Comprenons d'abord pourquoi on n'a pas compris cette théorie.

Ce qui a paru à Leibniz, comme du reste à Des Bosses, digne d'une investigation approfondie, c'est la question de savoir ce qui peut conférer aux êtres complexes, aux réalités organiques, aux phénomènes qui manifestent de la « composition », une véritable substantialité, une valeur ontologique indépendamment des perceptions subjectives ou des relations idéales entre des éléments seuls subsistants en soi : *investigatione dignum quidnam excogitari possit quod sit aptum ad realitatem phaenomenis extra percipientia conciliandam, seu quid constituat substantiam compositam* (II, 485). Oui, mais ne soyons pas dupes de l'apparente clarté et de la signification obvie de ces expressions. Elles sont en réalité, nous le comprendrons mieux tout à l'heure, très difficiles à saisir exactement dans leur sens fort et ésotériquement leibnizien. Et ce qui complique la difficulté, c'est que provisoirement cette formule, nous le verrons aussi, mêle encore, malgré sa

---

Vinculum représentait la synthèse des passivités de cette réalité complexe et unifiée. Mais il paraît avoir renoncé ensuite à cette conception. Car il ne s'agit plus ici en réalité de « synthèse » et d'*unification*, mais bel et bien d'Unité infrangible. Aussi, malgré l'aspect actif du sens qu'offre le mot *Unio*, ce terme, qui évoque encore l'idée d'une réunion d'existences préalablement données, est-il plus impropre que le mot *Vinculum* en apparence plus passif, mais marquant mieux ce dont toute la raison d'exister est d'être *liaison*, unité essentielle et substantielle à la fois. Cf. *Vocabulaire* de la Société de Philosophie aux mots *Un, Union, Vinculum.*

lucide précision, des problèmes de plans différents. Ne nous étonnons donc pas de ce qu'elle a été le plus souvent interprétée comme s'il s'agissait de conférer aux données obvies de notre sensibilité une portée immédiatement ontologique. Une telle prétention est en effet manifestement incompatible avec toute la pensée leibnizienne. Même en se plaçant au point de vue le plus exotérique, jamais Leibniz n'aurait pu songer un instant à « substantialiser » les apparences [1] ; car son œuvre essentielle a été, comme il le répète mille fois, la réforme de la notion même de substance et la critique radicale du simplisme populaire ou du dualisme cartésien. Ainsi donc, lui attribuer l'idée, même passagère, d'un dogmatisme matérialiste ou d'une confiance aux perceptions érigées *de plano* en données ontologiques, c'est lui faire injure en supposant qu'il aurait un seul instant admis ce qui lui a toujours expressément paru l'inintelligibilité même. Le sens obvie ou exotérique du *Vinculum* n'est pas seulement enfantin, tout verbal et insignifiant : il est un contre-sens, voire un non-sens; et jamais ce sens n'est venu à la pensée de Leibniz, n'en déplaise à maints critiques trop pressés. Ou le *Vinculum* n'est rien, rien que de verbal ou de méprisable, ou bien il n'est pas au bas du système leibnizien.

Dès lors, quel rang convient-il d'assigner à ce *Vinculum* ? De quelle « composition », de quelle « réalité » s'agit-il? Et comment démêler l'écheveau compliqué des voies qui doivent

---

1. On a toujours été incliné à rapporter le *Vinculum* seulement aux corps. C'était là encore la première indication fournie sur les épreuves pour le *Vocabulaire* de la Société française de philosophie : mais, à ma demande, on a bien voulu redresser (quoique peut-être incomplètement) cette interprétation qui tend à faire regarder en bas, vers les agrégats corporels ou les machines organiques. En dernière analyse, le *Vinculum* désigne non pas une *quasi-substantia*, mais une *substantia* par excellence, χατ'ἐξοχήν. J'indique ceci dès à présent pour empêcher la pensée du lecteur de s'attacher à un contre-sens d'ailleurs trop naturel et très ordinairement commis.

nous conduire à la perspective où notre auteur s'est effectivement placé? — La tâche est délicate, parce que Leibniz a en
effet tâtonné et parce que non seulement sa terminologie,
mais encore ses conceptions elles-mêmes, ne se sont pas d'emblée définies ni même jamais entièrement délivrées des équivoques dont nous essayerons de les dégager à l'aide de quel-
ques-uns de ses propres textes ou de certaines de ses intuitions fragmentaires.

Pour obtenir ce discernement, nous allons suivre les démarches et les péripéties d'une investigation où l'on peut
ramener à trois les phases successives de cette controverse
avec Des Bosses. — 1° Une première recherche concerne les
compléments que Leibniz est amené à apporter à sa notion
de substance. Elle constitue une phase proprement philosophique où il avoue, après tant d'années de réflexion, qu'il
n'est pas arrivé à se satisfaire complètement lui-même [1].
— 2° Une seconde phase fait suite où, à titre d'exemple, d'adju-
vant ou, comme on dirait en mathématiques, de *quantité
auxiliaire*, la question de la Transsubstantiation intervient et
permet de démêler, de purifier, de préciser le problème rigou-
reusement défini qui se pose dans un ordre métaphysique
inaccessible aux sens et aux notions discursives : *multiprae-
sentia... corporis non habet opus replicatione aut penetra-
tione dimentionum, sed explicanda est per praesentiae genus
nullam habens ad dimensiones relationem* (II, 399), *velut si
Deus efficeret ut aliquid immediate operaretur in distans*
(II, 403). Ainsi, la difficulté, qu'a permis d'exposer en toute sa
netteté technique le fait religieux pris à titre d'hypothèse élu-
cidante, revient au terrain proprement philosophique qu'elle

---

1. « *Cum nondum satis matura esset philosophia mea* (II, 372). — *Nondum perfecta est* ». 1698 (II, 162, 294, etc...). — « *Ceterum sunt in his
omnibus aliqua adhuc profundius discutienda, quod lata occasione non
omittam.* » 1689 (II, 172). — « *In hâc infantià philosophiae nostrae.* »
1699 (II, 187).

ne quittera plus désormais. — 3° Enfin la question purgée
des expressions confuses et des faux problèmes qui l'embrouil-
laient devient, selon l'expression de Leibniz, *purement métaphysique*. Elle appelle et comporte dès lors une exploration
vraiment nouvelle et réclame une plus haute enquête : *latius
patet et altioris indiget indagationis.*

Reprenons ces points et voyons comment ces trois affluents
convergent et s'unissent pour former le contenu propre et
original de la théorie du *Vinculum*.

*
* *

I. — La vie de Leibniz s'est passée, nous l'avons déjà rap-
pelé, à analyser et à « réformer la notion de substance ». Il
a témoigné lui-même de l'importance qu'il attachait à cette
question : « La substance dont la connaissance est la clef de
la philosophie intérieure... » (III, 567). Aux méditations de
son adolescence qu'il nous rappelait lui-même avec une sorte
d'ironie souriante à l'égard de ses perplexités précoces sur
« les formes substantielles [1] », sa vieillesse ne répond-elle pas
encore par cette déclaration finale à Des Bosses : en dernière
analyse, son *Vinculum* n'est sans doute que « la forme substantielle », mais expliquée, préparée, vivifiée par tout ce
qu'ajoutent à la scolastique ses vues scientifiques et ses analyses philosophiques. C'est en outre contre le mécanisme et
le dualisme cartésiens qu'il a porté son effort critique, et, par
trois voies diverses, sur trois points essentiels, il a transformé
la doctrine cartésienne : α) Il a montré d'abord, à un point de
vue scientifique, que les théories physique et mécanique de
Descartes sont non seulement insuffisantes, mais contredites

---

1. « Estant enfant j'appris Aristote, et même les scholastiques ne me
rebutèrent point; et je n'en suis pas fasché présentement... » Sur l'histoire de sa propre philosophie, cf. III, 606.

par les faits, c'est-à-dire fausses [1] : car ce n'est pas la quantité de mouvement qui reste constante selon une loi d'inertie, c'est la force vive. Voici donc le point de vue dynamiste qui se substitue au mécanisme « en bannissant de partout », selon ses expressions, « la torpeur et l'inertie ». — β) Ensuite des raisons théologiques viennent elles-mêmes confirmer son dessein de réforme et justifier son effort pour pénétrer, derrière les apparences et les qualités dites secondes, et même premières, jusqu'à une réalité plus profonde. Dans le monde que l'on appelle matériel, la thèse cartésienne de *l'étendue-substance* rend la Transsubstantiation impossible [2]. Aussi Leibniz

---

1. « Ce que Descartes dit de l'étendue, comme elle faisoit l'essence du corps, ne sçauroit estre soutenu même en philosophie, pour ne rien dire de la religion » (IV, 308).

2. « Si l'essence de la matière consiste dans l'étendue, il n'y a pas moyen d'expliquer la présence réelle dans l'Eucharistie. » IV, 345. Leibniz, à son insu est ici injuste pour Descartes, comme il l'a été d'ailleurs en d'autres circonstances. Pour éviter le conflit qu'on lui reprochait entre sa théorie de l'étendue-substance et la possibilité même de la transsubstantiation, Descartes, avec sa fécondité habituelle, avait imaginé une nouvelle explication. Il excellait du reste, ainsi que l'a noté Delbos, à compenser les exigences rigides de son système déductif par un recours toujours prêt à un bon sens supérieur qui l'empêchait de heurter les données de l'expérience ou de la foi. C'est ainsi qu'entre le monde de l'étendue et celui de la pensée, il avait admis un ordre mitoyen, qui concernait, semble-t-il, le fait de l'union de l'âme et du corps; et c'est à cet ordre de l'union que, dans des lettres à Mesland, il rapportait le mystère de la transsubstantiation : nous dirions aujourd'hui qu'il lui semblait un phénomène biologique, comme une sorte d'assimilation transformante. Au reste il faut peut-être dire que la distinction cartésienne de la *res extensa* et de la *res cogitans* répond plutôt à une préoccupation méthodologique qu'à une visée ontologique. Toujours est-il qu'après avoir publiquement proposé une explication « extrêmement claire et aisée » (Edition Cousin, II, 78-88), il croit devoir dans des lettres confidentielles au P. Mesland, suggérer une théorie plus ésotérique qui exige une plus grande habitude de sa méthode, dit-il, et qu'il ne veut pas divulguer ; car il ne s'agit plus de l'ordre physique et mécanique, mais des phénomènes vitaux qu'à tort on lui a reproché de prétendre réduire exclusivement au mécanisme, sans tenir compte des phénomènes de l'union auxquels il n'avait encore pas appliqué suffisamment sa méthode générale.

se prévaut-il volontiers de l'avantage que donne à son système la facilité offerte, non pas certes d'éclaircir le mystère, mais de ne pas lui fermer toutes les voies, ne disons pas d'explication, mais de réalisation et de possibilité même. — γ) Enfin et surtout Leibniz pousse à fond son examen métaphysique de l'idée d'être, de réalité subsistante. Développant ses exigences critiques et son besoin d'intelligibilité jusqu'à l'extrême limite, il ne cesse de montrer toujours plus fortement que l'étendue, *multiple et passive,* ne peut être érigée en substance : car, dit-il, ce qui n'est pas *un* n'est pas *être* et ce qui n'est point *activité* n'est point *réalité* [1]. Dès lors, au dualisme de la pensée et de l'étendue artificiellement opposées et faussement hypostasiées comme des choses et des passivités (*res cogitans, res extensa*) qui subissent leur propre nature, Leibniz substitue un réalisme dynamiste où les êtres sont des unités de force, des « monades » qui diffèrent entre elles moins par leur nature foncière que par leur degré d'activité, de conscience et de perfection.

Il en était là, et il croyait déjà le succès de sa réforme obtenu, lorsque lui est apparu le problème de l'interaction de ces « substances simples », de ces « atomes métaphysiques » dont l'unité suprasensible ne semble pouvoir comporter aucune influence réciproque, aucune modification procédant du dehors, aucune activité autre qu'intérieure et spontanée [2].

---

1. « Ce qui n'est pas *un* estre n'est pas un *estre.* » II, 96. — « De la manière que le corps est conçu vulgairement, on s'imagine qu'il pourrait être en repos. Et selon moy, je tiens que cela implique contradiction... On n'a pas bien expliqué la nature de la substance, laquelle estant bien entendue on trouvera que ce qui n'est qu'étendue ne sçaurait faire une substance. » III, 96 (1693). Cf. III, 458; II, 434.

2. C'est par concession que nous acceptons cette vue et ce langage de Leibniz. Mais justement il s'agira plus loin de savoir si, après avoir exclu l'apparence trompeuse d'une influence sensible ou matérielle par le dehors, l'idée d'une activité interne, telle que la présente la Monadologie avec l'Harmonie préétablie, ne doit pas être reléguée elle-même au rang d'une illusion ; à moins que l'on ne dépasse le point de vue idéaliste

D'où une perplexité qui le rejette au large et lui fait craindre
le naufrage. C'est alors qu'il recourt à cet artifice, peut-être
séduisant pour l'imagination, mais au fond infiniment fragile
de l'Harmonie préétablie. Il s'en sert intrépidement et minu-
tieusement pour ajuster son système des monades et ses conceptions morales et religieuses; mais en même temps il fait
éclater par là de plus en plus le caractère arbitraire et ruineux
d'une telle invention destituée de tout contrôle possible, de
tout appui sur les faits, de tout recours à la science ou à la
conscience.

Aussi, quelque zèle qu'eût mis Leibniz à méditer la nature
simple de ces substances et le problème de leur communication, il n'avait pas réussi à atteindre le [port. C'est même en
organisant, en détaillant ces deux conceptions, en s'efforçant
de les boucler l'une par l'autre, qu'il n'a pu échapper complètement à d'autres problèmes ultérieurs. Tôt ou tard ces difficultés dont était grosse sa doctrine ne pouvaient manquer de
se révéler. En particulier surgissait peu à peu à ses yeux la
question de savoir si la connexion des monades est dans tous
les cas purement et simplement idéale, et si, aux divers degrés
de composition, il n'y a pas, entre les éléments, des relations
autres que celles qui sont perçues par un témoin; des relations
qui, *extra percipientia* et *extra percepta ipsa,* ont une valeur
objective, dépendent d'un être nouveau, présentent une consistance ontologique, constituent une réalité substantielle,
c'est-à-dire une *unio metaphysica,* non pas résultante, mais
unifiante. Bref, au lieu de borner à deux péripéties le drame
de la pensée leibnizienne, — découverte de la *nature* des
substances, problème de la *communication* de ces substances
simples, — il faut concevoir qu'il s'est trouvé un troisième

et celui de la prédétermination pour monter au réalisme concret et à
l'activité féconde de l'*Unio* et du *Vinculum.* Toutefois n'anticipons pas;
je cherche seulement à stimuler et à orienter les critiques et les prévi-
sions du lecteur.

point critique, celui de la *composition* de substances dont la complexité, compatible avec la simplicité et l'unité organiques ou spirituelles, ont un degré d'être supérieur à celui des éléments isolés ou des relations purement idéales.

C'est à l'apparition de ce problème que nous allons assister. Nous constaterons d'abord que le développement de la monadologie n'est pas clos : il comporte des étages supérieurs, *superadditum quid;* et ensuite nous verrons comment et pourquoi ce surcroît peut ou même doit être admis sans préjudice pour les étages inférieurs; peut-être même faudra-t-il conclure que, loin de les compromettre, cet « ajout » remplit une fonction essentielle en préservant les degrés inférieurs contre les dangers de confusion et les menaces de ruine dans un édifice qui perdrait sa cohésion et son équilibre s'il restait destitué de ce couronnement du *Vinculum.*

Commençons donc par suivre le développement de la doctrine leibnizienne sur la nature constitutive des substances telle que Leibniz l'avait équilibrée vers 1696 en concertant sa critique de Descartes ou de Spinoza avec sa théorie de l'optimisme, de l'harmonie universelle et de la hiérarchie d'un monde où le système de la nature s'accorde avec l'ordre de la grâce.

Cinq degrés marquent la superposition des assises de la substance qui, selon Leibniz, enveloppe toujours un effort vers des progrès ultérieurs, mais qui, dès le plus bas de ces degrés, implique déjà le germe de développements indéfinis. Il est vrai que ces degrés d'être apparaissent tantôt comme des aspects plutôt que comme des éléments constitutifs, tantôt comme des moments successifs plutôt que comme des réalités distinctes, tantôt comme des genres différents plutôt que comme des natures séparées. Et c'est peut-être en songeant à ces équivoques que Leibniz avouait n'avoir pas réussi encore à se contenter lui-même. C'est aussi en réfléchissant à ces ambiguïtés que, plus tard et à notre tour, nous pourrons indiquer comment et pourquoi le problème a été imparfaitement posé, en termes hybrides et dans des plans hétérogènes[1]. Quoi qu'il en soit, bornons-nous présentement à parcourir les cinq étages de la doctrine leibnizienne des substances afin de voir si une place est réservée en cours de route ou au terme de cet itinéraire au *Vinculum* lui-même.

1° Au plus bas degré Leibniz, empruntant des dénominations à Aristote, mais en leur conférant un sens nouveau, pose une matière première : *materia prima seu nuda, vel Potentia primitiva passiva, Passivitas*, τὸ δυναμικὸν, πρῶτον παθητικὸν, πρῶτον ὑποκείμενον, *principium resistentiae, extensionis exigentia* (II, 309). Cette matière, qui ne subsiste jamais à part (IV, 512), est plutôt limitation et privation que nature déterminée : elle exprime l'impuissance de tout être créé à embrasser et à pénétrer l'infinité des choses qui toutes ont leur singularité, leur position, leur *situs*[2] et par là même, selon une expression reprise souvent par Leibniz,

1. Pour abréger et éclairer notre enquête, je ferai, chemin faisant et prématurément, ressortir les artifices et les hybridations auxquels recourt Leibniz avant d'apercevoir, par le progrès de son état d'esprit semi-critique, les alternatives qui finalement s'imposent à l'option d'une pensée pleinement consciente des données authentiques et inévitables du problème. Je ne reprends donc pas un exposé classique de la doctrine leibnizienne; je ne rappelle son itinéraire connu que pour attirer l'attention sur les fentes de la route, sur les ponts coupés ou branlants qui la jalonnent. Constamment en effet Leibniz oscille entre le besoin de dissocier et celui de solidariser les plans hétérogènes soit de la connaissance, soit de la réalité; bien plus il s'efforce de solidariser, en les distinguant aussi, réalité et connaissance. Et il faut, nous le verrons, lui savoir gré de cette triple préoccupation, même quand il ne réussit pas à trouver des expressions satisfaisantes pour traduire en idées précises le sentiment très vif qu'il a, par anticipation, de la solution désirable où tout s'unirait sans se confondre.

2. « Cum singularia a mente creata perfecte explicari aut capi non possint, quia infinitum involvunt... » II, 300. « Substantia simplex, quamvis non habeat in se extensionem, habet tamen *positionem* quae est fundamentum Extensionis, cum Extensio sit positionis repetitio simultanea, ut lineam fluxu puncti fieri dicemus. » II, 339.

« s'entr'empêchent ». Il en résulte que le fait brutal de l'exclusion d'une matière par une autre matière se trouve ainsi transposé en notions intelligibles et en langage métaphysique, grâce à une sorte de virement subreptice et d'artifice rationnel où la donnée empirique et l'interprétation ontologique ou même déjà morale se raccordent l'une à l'autre, sans pourtant se confondre en fait et sans se relier non plus par une nécessité logique. Retenons déjà ceci dont nous aurons à faire état, et résumons ce premier point dans une formule de Leibniz. Cette formule, pour un esprit averti, ressemble à un tour de prestidigitation, car elle nous fait passer, comme eût dit Aristote, d'un genre à l'autre. La voici dans son texte authentique : *Non in extensione, sed in extensionis exigentia consistit haec passivitas* (II, 306). Par surcroît et grâce à un nouveau coup de pouce secret, cette passivité de la matière nue qui, toute virtuelle et inerte qu'elle est, a des « exigences » réelles et impérieuses, est considérée comme principe de résistance, comme impénétrabilité foncière, comme « antitypie » invincible à toute force [1].

2º Si cette matière première n'existe pas à part et ne constitue pas un être réel, c'est parce qu'elle ne se sépare jamais en fait d'une force primitive et infuse. Leibniz reprenant le mot technique d'Aristote, l'appelle « entéléchie ». Cette force simple ne subsiste d'ailleurs jamais, elle non plus, à part d'une matière première; et, quoiqu'elle n'ait besoin [pour agir que de l'enlèvement des obstacles, elle ne développe sa puissance interne que par un effort, *conatum semper involvit* [2]. Cet

---

1. Cette antitypie, qui apparaît comme principe d'individuation réfractaire à toute force brute ou intellectuelle, est l'obstacle salutaire qui prévient toute confusion panthéistique, qui suscite les problèmes de la science et de la morale, et qui est l'enjeu de la solution par laquelle ce qui « *entr'empêchait* » physiquement les êtres, devient moyen, mérite et garantie suprême d'union spirituelle et charitable.

2. « Differt vis activa a potentia nuda vulgo scholis cognita, quod

effort lui est congénital et intérieur en raison de sa simplicité essentielle; mais (nouvelle prestidigitation) il semble avoir à soulever tous les êtres pour se déployer, alors cependant que la résistance procède de son imperfection interne et de l'impossibilité de discerner distinctement le détail infini de ses propres représentations. Ici encore, nous voyons cette combinaison hybride de données empruntées à l'expérience et de théories rationnelles qui prétendent se substituer aux faits en se fondant sur eux. Leibniz avoue cet étrange artifice lorsqu'il nous dit : *entelechia, vis primitiva et insita, distincte quidem intelligi potest, sed non explicari imaginabiliter* (IV, 507). C'est dire que, parti de données sensibles ou imaginables, on passe dans un domaine où l'on repousse les services provisoires des sens et de l'imagination, en espérant monter dans un ordre purement intelligible; mais cet ordre n'est-il pas une extrapolation illégitime, et l'esprit critique ne découvre-t-il pas ici un paralogisme qui n'a d'autre excuse que de permettre, semble-t-il, la construction d'un monde métaphysique dont on a reconnu d'autre part la nécessité?

3° La monade, formée par l'union de l'entéléchie et d'une matière première, semble moins un aspect des choses que la réalité ontologique elle-même. C'est, dit Leibniz, « l'atome de substance, le point métaphysique[1] ». Ce terme de *monade*,

potentia activa Scholasticorum, seu facultas, nihil aliud est quam propinqua agendi possibilitas, quae tamen aliena excitatione et velut stimulo indiget, ut in actum transferatur. Sed vis activa actum quemdam sive ἐντελέχειαν continet, atque inter facultatem agendi actionemque ipsam media est, et conatum involvit; atque ita per se ipsam in operationem fertur; nec auxiliis indiget, sed sola sublatione impedimenti. » IV, 469.— A propos du rapport de la matière première et de l'entéléchie, il serait intéressant de rechercher comment Leibniz trouve entre les interprétations alexandrine et averroïste d'Aristote sur la passivité et la puissance nue de la matière première une *via media et superior*, dans la mesure même où il transpose le problème d'un point de vue objectif et naturiste à un point de vue plus intérieur et semi-subjectif.

1. « Monas his duabus completa, Atomus est substantiae punctumque metaphysicum... » IV, 508.

qu'il a repris aux Anciens, semble n'avoir été employé par lui
qu'à partir de 1696 (II, 142)[1]. Il est habilement choisi, certes,
pour faire profiter des prestiges de l'imagination la pure
raison elle-même. Mais, ici encore, voyons le subterfuge et
l'équivoque. On fait crédit aux monades en songeant à l'unité
des êtres réels que nous connaissons comme des individus, et
dont la complexité n'empêche pas l'unité, unité d'autant plus
étroite que l'être est plus organisé. Mais, d'autre part, ces
monades sont entièrement inaccessibles à toute expérience.
Ne croyons pas, en effet, selon une analogie toute physique et
une clarté toute empirique, qu'elles soient les « éléments constitutifs » des êtres que nous connaissons par expérience :
*monades non sunt partes, sed fundamenta; non ingredientia,
sed requisita phaenomenorum* (II. 262 et 270). Nous assistons
donc à un effort nouveau de Leibniz pour se servir et se dégager à la fois du réalisme qu'il veut transposer en un idéalisme
où, à la notion grossière des êtres conçus par la plupart des
hommes sous les espèces de la quantité et de la matérialité, il
prétend substituer une vue épurée, en les rangeant uniquement
dans la catégorie de la force immatérielle et de la substance
transphénoménale; réalité dont l'indice, selon lui, est l'action
et non la passion, et qui, dans la matière apparemment brute,
est cependant esprit ébauché ou virtuel[2]. D'où cette formule
paradoxale : *Omnis monas, omne corpus est mens momén-
tanea* (I, 72).

4° Mais Leibniz, qui a si fortement le sentiment de la disjonction à opérer entre l'intelligible et le sensible, ne consent

1. Cf. *L. Stein,* Leibniz und Spinoza, p. 201.
2. « Nec animabus assignanda sunt quae ad extensionem pertinent, uni-
tatemque earum aut multitudinem sumendam esse constat non ex praedicamento quantitatis, sed ex praedicamento substantiae, id est non ex
punctis, sed ex vi primitiva operandi (II, 372), cum indicium substantiae
sit actio. » IV, 526. — « Ipsa haec rerum substantia in agendi patiendique
vi consistit. » IV, 507. Il y a en elle « velut perceptio et appetitus ». IV,
512.

jamais (nous verrons pourquoi et dans quelle mesure il a
raison en cela, même quand il a le tort d'user d'expressions
inadéquates et de se borner à des vues embryonnaires) à se
libérer de ses attaches empiriques; et, malgré tout ce qu'il
vient de nous dire sur la transcendance des substances véritables par rapport à toutes les données expérimentales et
imaginatives, nous le voyons se poser le problème des agrégats matériels, de la masse, de la machine organique : *Massa,
seu materia secunda et vestita, sive machina organica, ad
quam concurrunt innumerae monades subordinatae... est
phaenomenon ut Iris, sed bene fundatum* (II, 118-119). Ainsi
Leibniz, tout en séparant l'apparence anthropomorphique et
les réalités profondes, continue à les faire, si l'on peut dire,
voyager de compagnie. Les agrégats, qui sont pour nous les
corps tels que nos sens les perçoivent, ont une réalité tout
autre que celle que leur prête notre connaissance empirique;
et Leibniz s'ingénie à maintenir à la fois une dissociation radicale et pourtant une sorte de parallélisme entre le réalisme
illusoire et le réalisme profond. Il insiste donc sur ce qu'il
nomme par un biais astucieux « l'unité semi-mentale des agrégats[1] » que nous percevons, comme si, par une sorte de rapprochement des sens et de l'entendement, on pouvait obtenir
un produit adultérin, mais viable[2]. Sans doute, à maintes
reprises, il cherche à interpréter en un sens idéaliste ces
phénomènes qu'il déclare bien fondés, et même triplement
fondés sur les exigences primitives de la matière, sur la perception harmonique des esprits, sur la vision adéquate de Dieu
qui fait la vérité des choses en les connaissant[3]. Mais enfin,

1. « Semimentalis unitas. » II, 304, 306.

2. « Materia nempe utique non per se concipitur, sed per partes quibus
constituitur. » II, 221, 262, 270; IV, 475.

3. « Deus exacte res videt quales sint secundum geometricam veritatem,
quanquam idem etiam scit, quomodo quaeque res cuique alteri appareat,
et ita omnes alias apparentias in se continet eminenter. » II, 438. Cf. IV, 439.

il reste toujours que ces agrégats fortuits et inorganiques, nous les distinguons des êtres organiquement composés ; et alors il s'agit de savoir (et c'est le cinquième degré) ce qui fait l'unité vivante et indivisible de l'organisme animal.

5° Parmi les agrégats matériels, il en est en effet qui constituent un organisme supposant, entre les innombrables monades qui en sont la condition fondamentale, une « monade dominante » pour conférer à la machine vivante une unité[1], une hiérarchie de fonctions, une spontanéité que l'automatisme ou le mécanisme cartésiens ne suffiraient pas à rendre possibles, ou intelligibles. Leibniz, très frappé par les découvertes récentes que le microscope avait permises, et d'ailleurs porté par ses spéculations mathématiques comme par sa théorie des petites perceptions à voir partout des profondeurs infinies, répète à maintes reprises que le monde est plein d'une vie partout répandue jusque dans l'infiniment petit : *natura materiae a sapientissimo Auctore constructae semper affectat ordinem seu organizationem* (II, 306)... *omniaque, quamquam diversis gradibus, animata sunt* (II, 118 et V, 544). Ainsi, malgré les apparences de repos, d'inorganisation, qu'offre la nature à un regard superficiel en maintes de ses parties, il subsiste réellement et partout des organismes, au point qu'on peut dire qu'il n'y a aucune entéléchie qui ne soit attachée à une certaine « matière vêtue et organisée », toujours en mouvement. Leibniz en parle comme d'un fleuve qui coule, et la place sous la domination permanente d'une monade supérieure, tant que la machine animale subsiste[2] (II, 306, 482, etc...). Bien plus, jamais la monade n'est dépourvue de

1. « Animal seu substantia corporea, quam Unam facit Monas dominans in Machinam. » II, 252.

2. « Nulla tamen Entelechia affixa est certae parti materiae (nempe secundae) aut, quod eodem redit, certis alii Entelechiis partialibus. Nam Materia instar fluminis mutatur, manente Entelechia, dum Machina subsistit. » II, 305.

tout vêtement matériel; elle a beau changer de costume, toujours il en reste un, si ténu qu'il soit : *instar vestium Arle-
quini comici cui post multas tunicas exutas semper adhuc
nova superest* (Dutens, epistola ad Wagner, II, 228). D'où
Leibniz conclut qu'aucune de ces machines organiques n'est
totalement destructible et que tous les esprits finis conservent
toujours un embryon organique[1], de même qu'on peut dire
inversement que le corps n'est rien sans les monades et qu'il
n'y a pas de substance où il n'y ait pas quelque chose d'immatériel. *Nec quidquam substantiale semota anima... spiritus
finiti omnes habent corpora organica* (IV, 495 et Dutens, II,
227).

Parvenue à ce degré provisoirement supérieur, la conception leibnizienne de la substance nous place en face d'une
équivoque et comme en présence d'une bifurcation. Elle ne
nous permet pas de nous tenir dans l'immobilité d'un terme
atteint; elle nous met en demeure d'opter entre deux directions. D'une part en effet les deux dernières assertions que
nous venons de rapporter nous inclinent à penser que tous
les étages inférieurs successivement gravis ne sont pas
des éléments réels et consistants par eux-mêmes, mais que
ce sont là plutôt des aspects discernés par l'abstraction, com-
modes pour l'analyse, mais ne répondant pas à la vérité
concrète que seules nous proposent les vues de Leibniz sur
cette organisation partout répandue et mouvante dans le
monde inséparable des corps et des esprits : en sorte qu'on
ne sait plus maintenant ce que sont au juste ces monades,
dont tout à l'heure l'on voulait faire des êtres complets et
définitifs, alors qu'à présent il semble n'y avoir en réalité
que des organisations; d'où l'on serait même tenté (mais à

---

1. Cum « infinita sint organa in animalis corpore, alia aliis involuta,
hinc constat machinam animalem et in genere machinam naturae non
prorsus destructibilem esse ». II, 307; VI, 554, 601.

tort) de conclure que Leibniz n'a vu dans ses analyses que des procédés d'abstraction./D'autre part Leibniz n'a cessé de refouler la tentation où nous sommes toujours de conférer une réalité à ce que les sens et la science physique nous proposent de façon obvie dans l'ordre des qualités et des quantités phénoménales. Mais n'est-ce pas tricher encore que de prétendre conserver à la fois le bénéfice des analyses critiques qui libèrent la philosophie d'un réalisme illusoire et la ressource de faire appel cependant à l'observation de la nature vivante en parlant d'une monade dominante, en maintenant une distinction entre les agrégats inorganiques et les machines vivantes, alors que, pour être conséquent avec sa critique idéaliste, Leibniz répète si longtemps et jusqu'en 1706, qu'aucun *composé* n'est autre chose qu'un *phénomène* dont l'unité est purement mentale? Vainement s'ingénie-t-il après 1706 à employer des termes mixtes, à parler du corps organique comme d'une *quasi-substantia semi-mentalis et semi-realis*[1]. Cette idée d'une *quasi-substance* révèle un embarras sans apporter aucune lumière. Ce ne serait qu'une solution verbale si ce n'était peut-être une pierre d'attente et une réserve provisoire. Car Leibniz avait horreur de « prendre la paille des mots pour le grain des choses ».

Il a donc bien pu multiplier les formules subtiles et facticement concordantes pour masquer, sans d'ailleurs la boucher, cette fissure secrète de son système métaphysique : la vérité est qu'il reste encore et toujours en suspens. C'est pourquoi, sincèrement désireux d'envisager plus à fond une ques-

---

1. « Potest dici Entia composita, quae non sunt unum per se, seu vinculo substantiali (sive ut Alfenus ictus in digestis more Stoicorum loquitur) uno spiritu non continentur, esse semientia ; aggregata substantiarum simplicium esse semisubstantias ; colores, odores, esse semiaccidentia. Haec omnia si solae essent monades sine vinculis substantialibus, forent mera phaenomena, etsi vera. » II, 604. Sur le *Vinculum* et l'esprit des Stoïciens, cf. *O. Caspari*, loc. cit., p. 312.

tion dont il ne s'était pas rendu complètement maître, même pour l'énoncé exact des données litigieuses, il agrée volontiers, fussent-elles partiellement incompréhensibles, les objections et les instances de Des Bosses. Il les provoque même quand son correspondant paraît se satisfaire à trop bon compte, et il profite de l'occasion ainsi offerte « pour un nouvel examen de conscience plus approfondi ». Des Bosses a eu en effet le mérite initial de voir, au moins en gros et superficiellement, la difficulté que, sans revenir sur les points acquis contre la métaphysique cartésienne, il restait à résoudre, pour échapper à une équivoque ruineuse. Il montre cette inconséquence et cette faille, *rima*, à Leibniz qui cherchait toujours à dissocier et à associer en même temps les données sensibles, les solutions scientifiques et les vérités d'une métaphysique absolument transcendante aux apparences : même là où la réflexion explicite ne réussit pas à définir l'embarras éprouvé, la difficulté, qui est notable, se fait réellement, sinon distinctement et intelligiblement sentir ; on souffre donc confusément d'une façon hybride de rapprocher arbitrairement, illégitimement, et d'ailleurs vainement, des ordres dont il a été montré ou senti qu'ils sont incommensurables. Car, dit Des Bosses, si sous une même monade dominante d'autres monades peuvent se grouper en nombre indéfini sans que rien soit changé dans le monde des apparences, *sine respectu ad dimensiones*, à quoi bon et de quel droit invoquer les observations qui portent sur les phénomènes physiques ou sur les faits biologiques ? Si la rupture, du point de vue de la connaissance comme de la réalité, est complète entre deux ordres qu'on veut cependant faire cohabiter et entre lesquels on établit une sorte de symétrie et de solidarité, n'est-ce point là un illogisme ou une fiction arbitraire ? Et si, pour désigner cette mystérieuse relation fonctionnelle, on emploie un terme comme celui de *symbole,*

en disant que « les composés symbolisent avec les simples »,
n'y a-t-il pas là une simple image qui profite d'une fausse
lumière, mais qui reste obscure et confuse au regard implacable de l'esprit critique? C'est pour mieux faire sentir cette
difficulté dans toute sa rigueur et sa pureté qu'intervient, à
titre d'illustration, l'exemple typique et sans analogue de la
Transsubstantiation.

*
* *

II. — Ce qu'il y a en effet de précieux, d'unique, pour le
métaphysicien dans cet exemple emprunté à la théologie
catholique, c'est que là (par une hypothèse que l'on n'a pas à
discuter, pas plus qu'on ne pèche contre la rigueur mathématique en supposant un problème résolu pour en discuter
ensuite les conditions), la disjonction est radicale et totale
entre les espèces sensibles immédiatement et constamment
perçues et la réalité profonde dans le secret d'une vie personnelle, d'une vérité substantielle. Leibniz, lui, appartenait à la
Confession d'Augsbourg ; il ne croyait donc (s'il y croyait)[1],
qu'à la Consubstantiation, c'est-à-dire à la persistance du
pain et du vin sous les apparences qui ne véhiculaient en fin
de compte que la signification purement idéale d'une présence
spirituelle et d'un mémorial du Christ[2]. Aussi, pour lui, le
problème ne s'était pas présenté jusqu'alors sous l'aspect en
quelque sorte brutal où, en se plaçant au point de vue de Des

1. Il parait bien qu'il était libéré de toute dogmatique précise à ce
sujet. « Apud nos autem, ait Leibnitius, nullus est locus neque Trans-
substantiationi neque Consubstantiationi panis; tantumque pane accepto
simul percipi corpus Christi, ut adeo sola explicanda sit corporis Christi
praesentia. » II, 390. *Fr. Kirchner*, Leibnitz's Stellung zur Katholischen
Kirche. Cöthen, 1875.

2. Luther semble bien avoir admis, si l'on retient au passage certaines de ses formules, une présence réelle du Christ avec le pain, dans le
pain.

Bosses, il l'avait soudain aperçu. D'où la clarté violente qu'introduit dans la controverse métaphysique le cas tout à fait caractéristique où la substance est censément d'un côté, les phénomènes, de l'autre. On peut dire que c'est en face d'un tel défi que Leibniz[1] a reçu le choc qui lui a fait entrevoir, et comme *réaliser* (dans l'acception newmanienne de ce mot) le sens d'une difficulté jusqu'alors inaperçue ou tout au moins enveloppée ou estompée. Le problème est donc celui-ci : ne faut-il pas renoncer à ce compromis qui assujettit en somme les réalités métaphysiques et l'activité des substances à nos façons anthropomorphiques d'analyser les apparences, comme si, par ces analyses et ces abstractions, nous découvrions les éléments véritables de l'être substantiel? Au lieu de partir uniquement et unilatéralement de ces éléments prétendus pour construire les choses, ne faut-il pas davantage encore et principalement suivre une autre marche? N'est-ce pas du tout aux parties ou plutôt de l'être un et cependant complexe en sa riche simplicité aux conditions multiples et subalternes, qu'il faut développer la vraie métaphysique? En d'autres termes, ce que dans le langage de l'abstraction nous appelons, *au passif*, « la substance composée » (comme si elle résultait d'une synthèse et comme si l'analyse seule don-

---

1. Détail d'ailleurs digne de remarque et qui prouve, s'il en est encore besoin, combien peu, en tout ce problème, Leibniz s'accommode à son correspondant : c'est Des Bosses qui ne réclame rien, pour ainsi dire, de plus substantiel que les monades elles-mêmes, tandis que c'est Leibniz qui suppose déjà une certaine réalité de composition d'où naîtrait la substance nouvelle de l'agrégat. Celui-ci estime qte les monades forment à elles seules la vraie substance du composé et que les apparences eucharistiques sont fondées sur les Accidents absolus : celui-là au contraire suppose que ces mêmes apparences sont fondées immédiatement sur les monades et que la vraie substance du corps organique repose sur quelque élément plus profond. De part et d'autre on admet donc un « tertium quid »; mais l'explication que Leibniz propose, — par manière d'hypothèse, il est vrai, — le mène déjà par un chemin caché à une conception plus profonde de la substance composée.

nait le primitif, le fondamental, le solide, le réel par excellence), ne faut-il pas l'appeler, *activement*, « la substance
composante », l'unité non pas numérique, qui n'est qu'en
dehors d'autres unités abstraites, mais *l'unité concrète*, qui
est riche en elle-même d'une infinie variété de ressources ?
N'est-ce pas finalement là ce qui est la perspective essentielle
en laquelle il convient de se placer pour sortir des artifices
où, faute d'esprit critique comme d'esprit de force et d'esprit
de finesse (au sens pascalien), nous place inévitablement l'im-
puissant effort tenté pour construire la réalité (que ce soit la
matière ou l'esprit) avec de soi-disant atomes de substance
qui offrent à la critique, dans l'ordre métaphysique, autant de
prise que lui en réservent dans l'ordre physique, les prétendus *insécables* de Démocrite ou d'Épicure ?

*
* *

III. — Ainsi, l'évocation de l'exemple théologique (adopté
comme quantité auxiliaire) n'a servi qu'à nous mettre en face
d'un problème désormais débarrassé de toute équivoque et de
tout compromis.

Il ne faudrait d'ailleurs pas croire, comme on l'a souvent
répété, mais bien à tort, que Leibniz n'a touché qu'avec Des
Bosses à ce problème capital de la *composition* substantielle
et que c'est seulement dans sa correspondance avec lui qu'il a
proposé la solution, au moins ébauchée, vers laquelle nous
acheminons le lecteur. Si ce n'est qu'avec Des Bosses qu'il a
hasardé le mot *Vinculum* sur lequel il demandait le secret
pour se réserver de laisser mûrir l'hypothèse incarnée en ce
terme, nous avons à recueillir en d'autres de ses écrits maints
textes expressifs : « Quoique je ne tienne point que l'âme
change les lois du corps, ni que le corps change les lois de
l'âme, et que j'aye introduit l'Harmonie Préétablie pour éviter

ce dérangement, je ne laisse pas d'admettre une vraye Union entre l'âme et le corps qui en fait un suppôt. Cette Union va au métaphysique, au lieu qu'une Union d'influence irait au physique » (Gerhardt, VI, p. 81). « Les âmes s'accordent avec les corps et entre elles en vertu de l'Harmonie préétablie, et nullement par une influence physique mutuelle, sauve l'Union métaphysique qui les fait composer *unum per se* » (G. III, 658, 658. Cf. VI, 45, 81, 595, 602 etc.). On voit ici clairement la superposition des étages, l'effort sincère et profond de Leibniz pour maintenir des plans hétérogènes et pourtant solidaires, l'importance qu'il attache à ce mystérieux domaine de *l'Union* qui s'étend au-dessus du monde des apparences empiriques, de la science physique, et de l'idéalisme monadique. Si le *Vinculum* doit prendre rang, c'est donc bien pour occuper une place vraiment préparée par le mouvement de toute l'investigation, une place réservée à l'étage supérieur de la métaphysique pure, d'une métaphysique à la seconde puissance, d'une hypermétaphysique, si l'on osait commettre ce redoublement. L'intérêt de sa correspondance avec Des Bosses, c'est que c'est là seulement que Leibniz a tenté d'aborder et d'explorer un peu cette *terra incognita* qu'il avait diverses fois pressentie, à travers maints écueils, mais à laquelle la discussion relative à la Transsubstantiation frayait un passage dégagé de brumes et de mirages.

Il s'agit donc maintenant de voir comment la controverse entre Leibniz et Des Bosses, qui avait commencé et s'était longuement poursuivie sur le terrain métaphysique, y retourne après avoir traversé la phase théologique qui l'a précisée, et comment Leibniz lui-même y revient avec une force accrue et un sentiment épuré des données authentiques du problème. Ce qu'il faut faire apparaître ici, c'est comment l'attitude critique, d'abord inconsciente, chez Leibniz, s'est peu à peu développée jusqu'à devancer et à dépasser les thèses de l'idéa-

lisme de Kant ou des postkantiens ; comment d'autre part
Leibniz a échappé au danger, soit de s'embarrasser dans les
antinomies [1], soit d'en sortir trop facilement en reniant quoi
que ce soit de ce qu'il y a de salubre, de durable, de nécessaire même dans sa critique *provisoirement idéaliste* : attitude
instable et insatisfaisante, mais très propre en vérité à nous
libérer d'un faux dogmatisme ; étape indispensable par conséquent, à certains égards, pour nous préparer à rechercher
et à accueillir un réalisme qui n'ait plus rien de prématuré ou
d'illusoire.

1. Il les nomme des « labyrinthes » (VI, 29, 65, 612).

CHAPITRE III

L'éveil de l'esprit critique et les raisons internes de l'hypothèse du *Vinculum*.

S'il y a place pour le *Vinculum*, ce n'est donc pas au-dessous ou au-dedans, mais c'est au-dessus des étagements de la complexe et ascendante doctrine de Leibniz. Et le *Vinculum* intervient, non pour rester en dehors, mais pour servir de *liant* et comme de *clef de voûte* à chaque fragment comme à l'ensemble de l'édifice.

On ne peut comprendre la théorie du *Vinculum* que si on prend garde tout à la fois et au mouvement critique et à la préoccupation réaliste de la pensée de Leibniz. C'est le rapport que soutiennent chez lui ces deux éléments que nous avons à faire d'abord apparaître avant d'indiquer plus précisément les étapes de sa réflexion critique.

*
* *

Le réalisme primitif et spontané de la pensée, même après s'être mis lui-même en doute globalement, tend à revenir globalement à sa confiance en soi. Et en un sens ultime il a raison. C'est ce qui rend l'esprit critique si difficile à introduire sagement, à limiter ou à déployer en toutes ses exigences légitimes et rien qu'en ses exigences légitimes. C'est à un tel travail de tâtonnement que nous assistons chez les grands philosophes du xviie siècle. L'aube de l'esprit critique a paru lentement et confusément. Souvent même c'est accessoirement, à propos d'autres questions, que la dissociation s'est commencée et poursuivie entre ce qu'on accordait à l'idéalisme et ce qu'on réservait au réalisme; et l'on s'est laissé peu à peu prendre dans un engrenage dont on ne prévoyait pas tout ce qu'il happerait. Ce qui fait l'intérêt de la correspondance avec Des Bosses, c'est précisément que Leibniz aperçoit cet engrenage attirant et broyant, et qu'il se demande ce qu'il est bon et même nécessaire d'y abandonner, et ce qu'il est possible, salutaire et vrai d'y soustraire.

Soyons un instant attentifs à la mise en train de l'embrayage et aux premières pulvérisations du broyeur : nous nous rendrons compte, à ce prix, de la vraie portée que prend la question du *Vinculum* dans l'esprit de Leibniz. Et, pour le mieux comprendre, il est nécessaire de rappeler en quelques mots quelle secrète dialectique avait historiquement préparé matériaux métaphysiques et machine à concasser les fausses substances.

*
* *

Sans prévoir expressément le résultat qu'entraîneraient certaines de ses thèses posées pour elles-mêmes et pour les besoins de son positivisme métaphysico-scientifique, Descartes avait mis en mouvement plusieurs des dents de l'engrenage, et il y avait déjà jeté de belles proies.

D'abord, en retirant à certaines qualités de la matière leur valeur réelle, en mettant hors de pair l'étendue et en la substantialisant, en volatilisant le morceau de cire et tout ce qui, dans la matérialité, n'est ni géométrie et continuité divisible à l'infini, ni inertie mobile et mécanisme pur, Descartes avait ouvert la déchirure par où la trame du réalisme physiquement métaphysique risquait d'être emportée et dilacérée. —

D'autre part, en posant que la Pensée est elle-même substance, en affirmant conséquemment que, l'essence de l'âme étant de penser, nous pensons toujours, même quand nous n'avons pas conscience de le faire, il creusait un nouveau trou, même dans le monde intérieur, entre les apparences censément immédiates et la prétendue réalité profonde. Par surcroît, pour compenser en quelque sorte sa thèse de la continuité physique sans vide et de la divisibilité infinie en dépit des apparences sensibles, comme il professait la discontinuité de la durée et la nécessité à priori d'une création continuée (toutes choses qui mettaient en conflit les données obvies de la sensibilité, de la conscience, de la science et de la spéculation métaphysique), il aboutissait à nous engager de plus en plus dans le laminoir.

Leibniz, chose remarquable, à la fois suit et refoule ce mouvement.

— Il le suit par une critique plus pénétrante du pseudo-réalisme physique, et par un développement plus réfléchi d'un spiritualisme à la fois idéaliste et substantialiste, où il cherche à intégrer la subconscience elle-même que Descartes avait implicitement admise, mais comme une affirmation brute ou un postulat peu intelligible. Par Leibniz, la corrosion critique se poursuit donc doublement, non plus seulement par le gros instrument de Descartes, mais par une sorte de fine chimie dissolvante qui coule son acide partout sans même qu'on en remarque d'abord les effets.

D'un côté en effet, il volatilise l'étendue-substance; il renouvelle le sens des mots cartésiens *clair* et *obscur, distinct* et *confus,* en les transposant et en les interprétant au point de vue de sa théorie des infiniment petits et des perceptions insensibles[1]. Il habitue notre imagination et même

1. Pour Descartes une idée est distincte quand elle est nettement délimitée en ses contours et séparée ainsi de toutes les autres. Pour

notre raison à admettre, presque à comprendre, que les
apparences peuvent être contraires à ce qu'on croit provisoirement être la vérité profonde de la nature ou de la pensée
tout en y trouvant cependant leur fondement intelligible et
réel. Et c'est ainsi que les thèses les plus paradoxales de la
Monadologie, parce qu'elles offrent quelque chose de flatteur
pour l'imagination rationnelle (si l'on peut accoupler ces
deux mots), prennent l'air d'évidences, tout opposées qu'elles
sont aux données immédiates de la perception et du bon
sens, voire du sens moral et des intuitions populaires.

— Mais, d'un autre côté, Leibniz, en maniant contre
l'exotérisme simpliste des dogmatisants au rabais la machine
impitoyable et la subtile méthode qui émiette à l'infini tous
les faux agrégats, qui dissipe toutes les illusions d'optique,
qui décompose tous les produits factices de nos habitudes
intellectuelles ou de nos intérêts pratiques, conserve par
devers lui une intention et une ambition profondément réalistes et substantialistes, si l'on peut dire. Détruire les idoles
des sens, de l'entendement, d'une physique ou d'une métaphysique trop pressées d'aboutir, oui, c'est son premier
désir : mais ce n'est pas son dernier et suprême vœu. Il est
donc partagé entre la crainte d'arrêter trop vite et trop facilement le déblaiement critique, la *pars purificans,* et le danger
non moins redoutable de compromettre la solidité finale, le
donjon où réside l'ultime force, la substantielle clef de voûte
de tout l'édifice.

De là le jeu de bascule, qu'offre souvent sa correspondance
avec Des Bosses ; de là ses hésitations, mais au service d'un

Leibniz, il n'y a distinction que là où les ingrédients d'une idée sont
intrinsèquement saisis par l'analyse. Ainsi, pour le premier, les notions
de son ou de couleur sont claires et distinctes. Pour le second, ce sont là
des idées encore confuses, parce qu'elles représentent comme unité ce
qui est multiplicité inaperçue, mais réelle.

double dessein fixe et dont les deux aspects sont solidaires : rester implacable dans la critique et ne jamais revenir sur les nettoyages opérés, cela dans l'intérêt même de la sécurité future des conclusions; et puis ne pas se lasser de chercher le tuf, d'atteindre le *consolidant* universel, sans doute « *minimo sumptu* », mais enfin en y mettant tout le prix nécessaire, « *maximo profectu* ».

Dans cette perspective, nous pourrons, ainsi avertis, scruter sans trop d'impatience et sans trop d'obscurité les phases d'une controverse, qui, d'embrouillée et pénible au début, deviendra, ce semble, en se développant, dramatique et pleine de leçons, pour peu qu'on réfléchisse à la gravité de l'enjeu, à la diversité des précipices côtoyés et où tant d'autres sont tombés, à l'utilité qu'il y a pour nous à découvrir comment le légitime *problème* soulevé par le criticisme comporte une *solution* tout autre que celle où, par suite d'un énoncé inadéquat, Hume, Kant et leurs successeurs ont conduit la pensée moderne, si souvent entachée de relativisme ou d'immanentisme idéaliste. Et ce n'est pas un des moindres intérêts, un des moindres gains d'une telle rétrospection historique que de constater la lenteur, la petitesse laborieuse des plus grandes initiatives, la partialité des découvertes successives, le retour onéreux à une vision plus normale et plus complète.

Et, pour éclairer ces admonitions anticipatrices, il est, je crois, utile que j'attire l'attention sur une distinction dont le lecteur doit rester muni, s'il veut, chemin faisant, jouir et profiter de l'imbroglio captivant et instructif où il faut nous engager : grâce à la conscience de cette distinction, il remarquera que Leibniz en use, sans l'avouer et même sans la discerner lui-même expressément; il devinera où cette distinction embarrasse Leibniz et où elle l'éclaire; surtout il pourra, au milieu même des obscurités passagères, prévoir le trait de lumière et devancer l'heure où les deux aspects mis en cause, longuement disjoints ou solidarisés, finissent par se rejoindre tout au terme et par s'unir sans se confondre[1]. Il s'agit en effet et de la distinction et de la relation, provisoire ou finale, entre la *ratio cognoscendi* et la *ratio essendi*, entre les deux modes d'interprétation des textes et des curiosités leibniziennes : tantôt Leibniz semble principalement suivre l'itinéraire de la connaissance, de l'intelligibilité, de l'esprit critique et idéaliste; tantôt il vise manifestement la recherche et l'affirmation de l'être, de l'objectivité formelle, de la substantialité, dans une intention ontologique et pleinement réaliste. Et, sans le dire, sans le voir peut-être explicitement, il semble bien que, si en cours de route les deux perspectives ne peuvent coïncider, il aspire cependant à une vision binoculaire et une, par une réconciliation parfaite de l'idéalisme critique le plus intrépide et du *réalisme spirituel* le plus intégral.

*
* *

Ces vues générales étaient sans doute indispensables pour éclairer la route que nous allons parcourir. Revenons main-

---

1. Parlant ainsi je me place au point de vue de Leibniz ; mais je ne prends pas à mon compte cette ambition décevante. Si dans l'étude de la Pensée et de l'Etre que j'ai tentée, j'aboutis par d'autres voies et en un autre sens que Leibniz à discerner, si j'ose dire, le trou métaphysique à combler, j'y mets tout autre chose que ces multiples *Vincula* avec le contenu vague et abstrait qu'il leur donne. Malgré toutes ses bonnes intentions Leibniz ne réussit pas et heureusement il ne pouvait réussir à stabiliser sa demi-découverte ; car il aurait par là contribué à rendre plus solide et plus définitive une philosophie séparée de la religion positive et fermée au surnaturel chrétien. En profitant de la critique qu'il a faite d'une métaphysique inconséquente et prématurément arrêtée, en le suivant dans l'élaboration d'une métaphysique à la seconde puissance, nous aurons à dépasser sa perspective et à montrer comment et pourquoi sa théorie du *Vinculum*, qui a le mérite de révéler un problème inédit et inévitable, ne procure ni la méthode, ni la solution seules satisfaisantes.

tenant à l'examen plus explicatif des origines et du développement de l'esprit critique chez Leibniz, esprit critique qui a surgi en lui comme une aube obscure, puis grandissante. Il est intéressant de décrire cette évolution, sans que d'ailleurs il soit possible d'en suivre toutes les péripéties. Car ce lever du jour s'est produit à travers des brumes tantôt écartées, tantôt épaissies ou flottantes.

Pour Leibniz (nous l'avons tout à l'heure indiqué comme un fait dont les conséquences n'avaient point été expressément comprises ou voulues, et il s'agit maintenant de rendre ce processus aussi intelligible que possible), le point de départ de la réflexion critique est la distinction qu'il établit entre les perceptions distinctes et les perceptions confuses, distinction qui le conduit à une opposition entre les apparences et les causes censément objectives de ces apparences. La distinction qu'il introduit ici est autre que celle que Descartes envisageait. Mais il n'en est pas moins vrai que Descartes y conduisait; nous l'avons déjà sommairement indiqué, mais ce point est si important et il a été si peu remarqué d'ordinaire qu'on ne saurait trop y insister ni trop réfléchir aux répercussions d'un tel ébranlement initial.

Quelle est donc cette dialectique secrète, et par où s'est propagée cette onde destructrice? Par sa dissociation des qualités premières et des qualités secondes; par sa doctrine de l'étendue-substance et des sensations qui s'interprètent en une métaphysique idéaliste pendant que le réalisme est maintenu en faveur de la *res extensa* comme de la *res cogitans* elle-même; enfin par sa thèse de l'âme pensant toujours en dépit des apparences de discontinuité à la fois dans la conscience et dans la durée. Comprend-on déjà mieux maintenant comment le bloc du réalisme naïf est irrémédiablement fissuré? Et voici que Leibniz, par sa théorie personnelle des petites perceptions insensibles dont la multitude est, selon lui, à la base de notre conscience du monde, détermine une rupture de plus en plus radicale entre le point de vue de la connaissance et le point de vue de l'être profond des choses! Déjà sans doute les qualités secondes de la matière avaient été sacrifiées comme des phénomènes subjectifs; seulement, on n'avait pas tiré de là des conséquences dépréciantes pour la portée de notre connaissance des données retenues comme objectives. Or voilà désormais que les qualités premières elles-mêmes sont abandonnées. Bien plus *l'étendue* (où Descartes voyait encore la substance proprement dite) s'effrite et, après la critique que Leibniz institue de Descartes et de Locke, elle semble bien définitivement ne pouvoir plus être qu'une simple apparence idéale, tout à fait hétérogène avec ce que l'analyse métaphysique paraît nous apprendre et nous imposer relativement à l'être substantiel. Dès lors l'enchantement est rompu; par des voies autres et en un sens autre que Platon, nous sommes amenés à admettre comme deux mondes : non pas des mondes superposés en deux ordres de réalités pour ainsi dire extérieures l'une à l'autre, mais deux mondes qui cohabitent en quelque sorte, qui semblent étroitement solidaires et qu'il importe cependant de ne confondre en aucun point ni à aucun moment. Quelle étrange, quelle instable situation !

Constamment la pensée de Leibniz est en oscillation et en travail sur ce problème dont elle cherche à déterminer les données exactes, l'énoncé précis, les méthodes de solution, les résultats utilisables. Toujours aussi il s'efforce de maintenir également l'incommensurabilité et l'interdépendance des deux aspects dont il ne réussit jamais à définir la relation de façon intelligible.

· Ce qui l'encourage, ce qui tour à tour l'éclaire et l'aveugle sur cette inévitable et cette indéfinissable corrélation, ce sont ses propres découvertes mathématiques et ses inventions mé-

taphysiques qui semblent en rapport de causalité réciproque
et de confirmation mutuelle[1]. Et d'abord, il est fortement
stimulé et soutenu par le calcul infinitésimal[2]. Ce calcul lui
semble à lui-même une sorte de gageure, une tricherie. Irra-
tionnel et réel tout ensemble, il repose sur une fiction que seul
le succès peut justifier au tribunal de la nature et de l'action,
mais que la pensée analytique et logique ne peut pas ne pas
condamner, puisque l'on y est amené à considérer une quantité à la fois comme nulle et comme réelle, grâce à ce biais
d'escamoteur qui la définit comme plus petite que toute quantité assignable. Or, cette fausseté qui scandalise l'entendement
abstrait « réussit » selon son expression ; elle est féconde en
précieux résultats théoriques et pratiques, comme si la réalité, portant partout en elle une infinitude actuelle, faisait
éclater les cadres limités de nos conceptions humaines en
contredisant nos expériences grossières et nos idées claires
et distinctes. *Infinitum actu transiri nequit discursu rationis ;*
sed perpetuo transitur cogitando et agendo.

De quel côté donc faire pencher la balance de la vérité
vraie? Leibniz raisonne tantôt en rationaliste et traite son
calcul comme une heureuse fiction ou un artifice qui utilise ce
que les mathématiciens nomment des « imaginaires », tantôt
en réaliste qui avoue l'inadéquation de notre connaissance à
la nature et à l'âme elle-même, laquelle porte partout la
marque de son Auteur en manifestant un infini actuel[3]. D'où

1. « On est d'autant plus capable d'aller loin dans cette application,
qu'on est plus capable de ménager la considération de l'infini. Ainsi
quoique les méditations mathématiques soient idéales, cela ne diminue
rien de leur utilité, parce que les choses actuelles ne sauraient s'écarter
de leurs règles ; et on peut dire en effet, que c'est en cela que consiste
la réalité des phénomènes, qui les distingue des songes. » IV, 569.

2. « Après la science de la félicité, c'est la Physique que nous devrions
le plus étudier ; et ce que j'estime le plus dans ma nouvelle Analyse de
Géométrie, c'est qu'elle rend le passage de la Géométrie à la Physique
bien plus aisé » (III, 166. — Cf. aussi III, 507 ; IV, 569).

3. « Cette analyse est proprement « scientia de magnitudine quatenus

maintes formules contraires dont il se sert selon les occurrences et en oscillant d'une sorte d'idéalisme critique ou symboliste à un réalisme de plus en plus transcendant qui érige la réalité authentique au delà de toutes les apparences non seulement sensibles, mais notionnelles[1].

Suivons le progrès ultérieur de sa pensée dans cette même voie critique, et relevons les expressions ingénieusement nuancées dont il se sert tour à tour, tantôt pour creuser, tantôt pour boucher les fissures entre l'ordre des apparences et l'ordre des substances lorsqu'il constitue sa doctrine de la Monadologie. D'une part, il insiste de toute sa force sur l'impossibilité de réaliser la matière étendue et de la composer physiquement avec des atomes[2]. Il ne se lasse pas de nous répéter que les monades, en leur être métaphysique, sont absolument inétendues, absolument étrangères à l'ordre des apparences, et à ce qu'on pourrait appeler « les phénomènes qui semblent traduire la force vive ». D'autre part, il ne cesse de poursuivre une sorte de parallélisme, de symétrie, de relation fonctionnelle entre ces monades inétendues et l'extension de la résistance qui trouve en elles son « fondement ».

*
* *

Il serait instructif, mais sans doute long et confus d'examiner ici en détail les retouches successives, les tâtonnements alternatifs, les ingéniosités verbales de Leibniz, et tout ce

---

involvit infinitum », et « c'est ce qui arrive toujours dans la nature qui porte partout le caractère de son auteur. » III, 166. « Nonobstant mon calcul infinitésimal, je n'admets point de véritable infini », IV, 629. — En sens opposé cf. II, 300. « Infinitum actu in natura dari non dubito. » Cf. V, 144, sq.

1. « Le composé n'est autre chose qu'un amas, ou *aggregatum* de simples. » (Monadologie, § 3.)

2. « Quae de vinculis olim ad te scripsi, nunc non invenio (II, 481) Ignosce quod saltatim scribo et ideo fortasse non semper satisfacio; nam ad anteriora scripta recurrere non possum » (II, 518).

qu'on pourrait appeler les « repentirs » de ce peintre de l'invisible et même de l'inimaginable, — sinon de l'impensable pour la pensée abstractive et analytique. Lui-même a avoué à plusieurs reprises que, ne pouvant recourir à ses lettres antérieures, il semblerait parfois se contredire [1], mais sans que ces oppositions de mots touchent au fond des choses/Il n'en est pas moins vrai que ces contradictions, fussent-elles superficielles, dénotent un embarras, une hésitation, une insuffisante possession de sa pensée et de sa terminologie [2]. Mais il y a même plus que cela. Car, si des intuitions ont surgi dans son esprit comme un premier rayon de soleil, souvent des nuées reviennent masquer cette lumière et nous faire douter de l'aube. Au lieu donc de nous attacher à un va-et-vient pénible et parfois déconcertant des nuages et des rayons, nous aurons plus de fruit à recueillir d'une rapide étude, si nous envisageons méthodiquement et librement, dans ce chapitre et dans ceux qui suivront, les trois points que voici.

Nous allons indiquer d'abord les embarras que traduit l'inconsistance même des idées et des formules de Leibniz sous l'empire d'un besoin, encore mal défini, d'échapper à un idéalisme radical et dissolvant.

---

1. D'où sans doute le brouillon où, avant d'écrire à Des Bosses, il fait son examen de conscience, cherche à fixer sa terminologie, jette en quelque sorte le loch pour déterminer la vitesse et l'orientation de ses démarches en un courant où il ne sait trop quel sera l'aboutissement de son effort. (II, 438.)

2. « Chez moi les infinis ne sont pas des touts et les infiniments petits ne sont pas des grandeurs. Ma métaphysique les bannit de ses terres. Elle ne leur donne retraite que dans les espaces imaginaires du calcul géométrique, où ces notions ne sont de mise que comme les racines qu'on appelle imaginaires. » Œuvres de Leibniz, publiées par *Foucher de Careil*, 1854, t. I, p. 234. C'est à cette unité fictive que *R. Zimmermann* assimile les *vincula* : « Es ist, wie wir an einem Orte nach — gewiesen haben (Lebniz und Herbart, S. 87), lediglich Schein der entsteht durch die verwornene ineinander fliessende Auffassung des Unendlichen von Seite eines endlichen Denkens und dem gar nichts Reales entspricht ». Loc. cit., p. 41-42.

Nous chercherons ensuite pourquoi Leibniz ne réussit pas à se dégager complètement de ces difficultés toujours renaissantes et comment, malgré un effort soutenu vers une même orientation, il a paru se débattre en des directions contraires sans aboutir à une conclusion vraiment catégorique et stable.

Enfin, nous tenterons de lever l'obstacle, de sortir des équivoques et de traduire ses intentions, non point en lui imposant une sorte de « rétractation » — (si l'on ose utiliser ici ce mot que saint Augustin avait employé pour lui-même afin de signaler en ses œuvres les points à reprendre, à retravailler, à corriger) — mais un redressement, mais une possibilité de satisfaire à toutes les exigences esquissées par lui là même où il avait échoué dans son effort de précision, de conciliation et de subordination.

*
* *

Averti par le progrès de sa réflexion, Leibniz cherche désormais à dissocier trois ordres trop aisément confondus, mais à les dissocier sans ruiner entre eux une solidarité qu'il s'agit précisément de maintenir, de rendre intelligible, de montrer normale, réelle et même en un sens nécessaire. D'où de multiples distinctions qu'il affirme à maintes reprises en y insistant par des mots qu'il cherche à expliquer et à canoniser en quelque sorte. Ainsi, d'abord il nous dit qu'il faut distinguer entre ce qui est donné (*dari* phaenomena), ce qui est requis (*requiri* monades), et ce qui est exigé (*exigi* vincula) ; ainsi encore il insiste sur ce qui n'est qu'un agrégat empirique (*aggregata solis sensibus data*), les ingrédients qui composent les corps organisés (*ingredientia organicorum*) et les éléments métaphysiques qui, comme les monades, fondent l'invisible réalité (*monades sunt fundamenta, non ingredientia viventium*[1]); ainsi encore lorsque ses analyses l'ont conduit à affirmer

____

1. « Monades enim revera non sunt hujus additi vinculi ingredientia

les exigences du réalisme concret, nous le voyons inventer
des expressions nouvelles, tergiverser entre des perspectives
opposées, comme s'il passait d'un côté à l'autre de l'écran en
se plaçant tantôt au point de vue de la pensée analytique et
abstraite, *sub ratione cognoscendi*, tantôt au point de vue de
l'unité vivante et de la réalité concrète, *sub ratione essendi*,
sans d'ailleurs se résigner à opposer ou à séparer ces deux
aspects. Ce n'est pas lui qui eût jamais consenti à admettre,
comme on nous l'a proposé depuis, le divorce du connaître et
de l'être en invoquant une incompatibilité soi-disant intrinsèque de l'intelligible et du réel ! Il parle au passif de la
substantia composita, comme si cette existence supérieure
résultait d'une addition ou d'une synthèse d'éléments préalablement posés ; puis, l'instant d'après, il se reprend et parle
à l'actif de *substantia componens et uniens* [1], laissant par là
entendre à demi que le rôle de cette substance consiste essen-
tiellement dans ce pouvoir de liaison qu'il hypostasie en ce
terme étrangement abstrait de *Vinculum* mis ici au service
d'une intuition toute concrète. Car il faut entendre par ce mot
non pas une relation, une série d'anneaux, une chaîne, mais
au contraire une unité intrinsèque, originale, infrangible, une
créature nouvelle : *oritur nova substantia... superadditum
quid*. Ainsi encore, — chose plus étrange et termes plus pa-
radoxaux où s'associent des images physiques, des notions

---

sed requisita... » (II, 435.) — Cf. L. *Stein*, Inedita, p. 324. « Non ideo dicendum est substantiam indivisibilem ingredi compositionem corporis
tanquam partem, sed potius tanquam requisitum internum essentiale.
Sicut punctum licet non sit pars compositiva lineae, sed heterogeneum
quiddam, tamen necessario requiritur, ut linea sit et intelligatur. »

1. « Si substantia corporea aliquid reale est praeter monades, dicendum erit, substantiam corpoream consistere in unione quadam, aut
potius uniente reali a Deo superaddito monadibus. » (II, 435.) — « Si
fides nos ad corporeas substantias adigit, substantiam illam consistere
in illa realitate unionali, quae *absolutum quid* (adeoque substantiale)
etsi fluxum uniendis addat... » (II, 433.)

scientifiques et des prétentions suprarationnelles, — Leibniz nous parle de la substance composée comme d'un écho qui serait l'original même, un écho qui serait antérieur au son qu'il est censé reproduire, *echo originaria*. « *Nil enim prohibet quin Echo possit esse fundamentum aliorum, praesertim si sit Echo originaria* » (II, 519).

Derrière ces hésitations mentales et ces supercheries verbales, il y a toujours la même difficulté créée par les dissociations successives qui s'appellent et se confirment les unes les autres : dissociation entre la subsconcience et la conscience, entre le sensible et l'intelligible, entre le subjectif et l'ontologique, entre le calcul du fini qui procède de l'entendement abstrait et le calcul de l'infini qui ouvre à la pensée et à l'être un jour sur un ultra-discursif, lequel dûment vérifié, apparaît comme plus réel que toutes les notions définies [1]. Toutes ces dissociations constituent autant de fissures qui appellent, ou la dislocation d'un dogmatisme trop crédule, ou une profonde réfection de l'édifice réaliste.

Car, une fois lancé sur la pente de ces résolutions et dissociations, où conviendra-t-il de s'arrêter dans l'œuvre négative de l'analyse critique? L'étendue, en sa multiplicité, divisibilité et mobilité passive ne saurait être qu'une pseudo-substance, un simili-être : c'est entendu. Mais la monade, à son tour, que vaut-elle dans l'ordre ontologique? Peut-on justifier la prétention que l'on émet d'en faire l'élément réel et le fondement de tout? Murée comme elle l'est, tout en n'ayant de raison d'être que son rôle de « miroir de l'univers » ; condamnée à être sans action véritable, tout en étant définie comme une force, ne serait-elle pas, elle aussi, une simili-force, un mimétisme de substance, une peinture d'activité, un relief en

----

1. « Solum absolutum et indivisibile infinitum veram unitatem habet. » II, 305. — « Lorsque Dieu produit la chose il la produit comme un individu, et non pas comme un universel de Logique. » VI, 346.

trompe-l'œil ? Et l'idéalisme, à force d'épurer le réel et l'intelligible, ne s'évanouit-il pas en son apparent triomphe qui n'aboutit qu'à l'inintelligibilité et à l'irréalité pures, comme est évanescente une relativité absolue, c'est-à-dire sans termes relativés, sans étalon, sans lien, sans unité? Aristote, parlant de la nécessité de conjurer la débandade des idées, observe que, quand la panique s'empare d'une troupe, un seul soldat qui s'arrête peut suffire à reformer l'armée autour de lui : la tactique à observer ici est toute pareille. Il faut découvrir et faire entrer en jeu un point de résistance inébranlable. Mais où trouver ce nécessaire appui autour duquel se constituera l'*unio metaphysica,* le solide *Vinculum,* qui devra être autant au delà de l'idéalisme monadique que celui-ci est lui-même au delà du pseudo-substantialisme physique? Et comment échapper à l'arbitraire de cet ἀνάγκη στῆναι, alors que la force de la dialectique comme de la vie même nous pousse en avant et nous crie : ἀνάγκη μὴ στῆναι.

Et voilà pourquoi, et voilà comment tâtonne et balance Leibniz, sans se décider à sauter vers le pur idéalisme, ni à se lier aveuglément à un réalisme dont il ne discerne pas clairement la véritable assise. Tel ce Génie de la Liberté qui, les ailes éployées, reste rivé à la place de la Bastille, sans pouvoir, comme dit la chanson populaire, ni lâcher la colonne pour s'envoler, ni s'en élancer jusqu'en bas! Ou bien la situation malheureuse du philosophe fait encore penser à ces scarabées traversés par l'épingle d'un enfant et qui agitent désespérément les pattes sans réussir à les accrocher à rien, sinon à elles-mêmes ou à la cruelle épingle, en tournant sans fin et sans résultats, comme tourne l'idéalisme sur lui-même sans sortir de la prison de l'immanence inépuisable.

Une allégorie nous aidera sans doute à mieux comprendre la lenteur des démarches entreprises pour surmonter la difficulté en cause et le long temps qui est nécessaire pour que l'esprit critique acquière sa vision normale et quasi spontanée. Un de mes amis qui louchait de naissance, a été opéré vers sa trentième année, et le docteur Javal qui, pour la première fois, tentait sur un adulte capable de s'observer lui-même le redressement d'un strabisme congénital, a recueilli de curieuses données psychologiques sur ce cas inédit[1]. Il a constaté la difficulté de fusionner dans la conscience les images visuelles qui pourtant, anatomiquement et optiquement, devaient coïncider; puis la difficulté, plus grande encore de faire concorder, même après que la superposition des images des deux champs de la vision distincte avait été obtenue, les images de ces champs de la vision confuse. D'où l'apparition paradoxale de fausses projections manifestant la tyrannie hallucinatoire d'habitudes psychologiques anciennes, tyrannie telle que là où l'opération chirurgicale avait pour but de procurer l'unité des fonctions binoculaires, il s'était provisoirement produit,

1. Avant l'opération, l'œil dévié où se formaient cependant des images, avait vécu pour ainsi dire à part de la conscience : parce qu'elles auraient été gênantes, ces images étaient vaincues par celles de l'œil utilisé et complètement éliminées. Survient l'intervention chirurgicale, le redressement de l'axe visuel : les habitudes anciennes sont troublées, et cette rupture ramène à la conscience les images précédemment exclues; mais, comme elles étaient accoutumées à une vie indépendante, elles tendent à garder cette autonomie, même en redevenant conscientes; d'où cet étrange phénomène et cette logique psychologiquement paradoxale au point de causer un malaise extrême, comme s'il fallait voir deux objets différents et identiques en une même place. Dès lors, tendance à dissocier, sous les exigences de la pensée, ce qui est superposé de fait. Et l'image, précédemment inconsciente, mais rendue à la conscience (plutôt que de se suicider, pour ainsi dire, en l'autre image habituée à être seule maîtresse) projette en une fausse projection l'objet redoublé, mais comme s'il était à la place où l'aurait vu l'œil dévié en devenant conscient. La tyrannie psychologique du subconscient est provisoirement plus forte et que la réalité physique ou physiologique et que la connaissance savante dont cependant des exercices réitérés et des efforts persuasifs d'auto-suggestion contre-hallucinatoire finissent par assurer la victoire, d'abord pour le point de la vision distincte, ensuite pour le champ de la vision confuse quoique celle-ci soit très lente et très difficile à conquérir tout entière.

par la combinaison de l'automatisme avec la dialectique
secrète des interprétations subconscientes, trois images différentes et même plus. Eh bien! au début du redressement
de sa pensée critique, Leibniz, en s'apercevant qu'il louchait
en quelque façon, n'a pas réussi d'emblée à mettre d'accord
ses conceptions récentes et ses vues anciennes, ses découvertes distinctes et ses parti pris confus, ses expressions
nouvelles et sa terminologie acquise; et certains illogismes
apparents résultent d'une sorte de logique plus complexe où
les habitudes invétérées et les intentions rectificatives entrent
en conflit tout en croyant s'harmoniser.

Il en résulte qu'il faut accorder quelque indulgence aux
historiens qui ont accusé Leibniz d'être un Protée et de « se
jouer » avec la souplesse d'un amphibie entre de multiples
thèses qu'il ne réussit jamais à solidement agencer comme
si, dans son immense édifice, les maîtresses poutres elles-
mêmes portaient à faux. Et pourtant le problème qui amène
Leibniz à mettre en œuvre toute cette dialectique déconcertante n'est ni fictif pour lui, ni imaginaire pour personne.
C'est un problème qui était réellement à poser, — qui a été
posé après lui avec une force toujours grandissante et un
danger toujours croissant. Ce problème, nous aurons, pour
finir, à le dégager de toutes les illusions idéalistes ou réalistes
ou criticistes auxquelles Leibniz n'a pas réussi à le soustraire,
pour opérer, *per Vinculum*, la réconciliation terminale du
véritable réalisme et du véritable idéalisme, *in Vinculo*.

CHAPITRE IV

Les causes des embarras de Leibniz.
Peut-on admettre, doit-on admettre le *Vinculum*,
et en quoi consisterait-il donc?

Pourquoi cette difficulté de déterminer l'énoncé même d'un problème qui a paru par ailleurs inévitable, fondamental et universel? Car non seulement la conclusion ébauchée par Leibniz n'apparaît pas comme catégorique et pleinement satisfaisante, mais la question elle-même n'est pas posée nettement, ni amenée sur un terrain lumineux et solide. Examinons donc quelques-unes des raisons qui ont empêché Leibniz de tirer tout le parti possible de l'intuition dont il avait, semble-t-il, pris nettement conscience à un moment donné.

D'abord, par tempérament, Leibniz est porté à l'invention des symboles mathématiques. C'est un algébriste qui excelle aux constructions scientifiques comme aux manipulations logiques. Il est l'homme qui a le plus rêvé d'une langue universelle, propre à connoter techniquement toutes idées et à obtenir une science exacte de la nature, de la pensée, du sentiment lui-même. Dès lors il reste volontiers attaché au côté notionnel, il demeure tributaire des notations et représentations, et il nous montre Dieu lui-même comme un calculateur transcendant : *dum Deus calculat, fit mundus... mathesi quadam divina.* D'où sa tendance à la fois congénitale et acquise vers une algorithmique ou une logistique, et sa confiance à l'égard des formules qui traduisent ses intui-

tions elles-mêmes en un langage tout analytique : et cela
d'autant plus que sa première découverte de génie avait été
une réduction plus complète que celle de Descartes ou de
Pascal, plus paradoxale aussi, de l'ordre concret à la science
de la quantité et de l'abstrait grâce au triomphe audacieux de
son calcul infinitésimal. Dès lors aussi, il est enclin à ramener ou à identifier le point de vue de l'être, la métaphysique,
qu'il veut cependant réaliste, à un aspect non plus ontologique, mais gnoséologique, c'est-à-dire à un idéalisme tout
intellectuel où les esprits eux-mêmes sont constitués par leur
rôle de miroir et par l'ensemble des relations qui font de
l'univers un système de fonctions mathématiques ou de carac-
téristiques logiques. En sorte que, malgré certaines autres
données de son tempérament et malgré certaines intentions
de sa philosophie, la doctrine proprement leibnizienne, dans
ce qu'elle a de plus saillant, tend à éliminer de son idée ou
de son sentiment même de la réalité tout contenu vraiment
spirituel, tout élément de bonté morale. De toutes ces grandes
choses qu'il ne cesse d'ailleurs de célébrer et d'utiliser, —
règne des causes finales, ordre de la liberté, de la grâce et de
la charité même, — Leibniz ne conserve en somme qu'une
enveloppe, qu'une formule et qu'un symbole. Se plaisant dans
une espèce de mimétisme, il ne leur confère aucune existence
véritable. D'où le caractère de ce *Vinculum* qu'il voudrait
emplir de la réalité la plus profonde et qu'il laisse finalement comme un cadre vide, faute d'avoir pu y mettre un
contenu plus solide, plus concret, plus intimement spirituel
que toutes les formules ingénieuses et que toutes les représentations imaginativement abstraites dont la seule raison
d'être de son effort est précisément d'avérer l'insuffisance.

Mais il y a encore une cause peut-être plus profonde des
hésitations de Leibniz à l'égard de son *Vinculum*, c'est tout
ce que nous avons déjà indiqué de son caractère, de son

éducation, de ses opinions sur la Religion. Merveille déjà que, en dépit de sa formation protestante ou surtout de sa « libre Pensée » non seulement de Rose-Croix mais encore de croisé d'un christianisme sécularisé et humanitaire, en dépit de son « modernisme » et « immanentisme » avant la lettre, en dépit de son antipathie à l'égard d'un Surnaturel proprement transcendant et incommensurable, il se soit comme dépris de ses inclinations et de ses préférences pour envisager une perspective contraire aux inspirations dominantes dans son milieu intellectuel et opposée à ses habitudes d'esprit personnelles. Même si on admettait que cet effort a été transitoire et conditionnel, il n'en prouverait pas moins, d'abord la souplesse de son génie toujours rajeuni et fertile, ensuite et surtout la gravité à ses propres yeux du problème envisagé et le sérieux de l'examen qu'il a accordé à une hypothèse si éprouvante pour lui. Mais enfin nous nous expliquons aussi par là le défaut de publicité, la réserve, les lacunes, les échappatoires qu'on ne peut manquer de relever et dont on a tiré argument contre ce *Vinculum* auquel il avait été amené par la force de son analyse et par le jeu de l'engrenage même des choses.

En un sens donc on peut reprocher à Leibniz de n'avoir jamais réussi ni à se rendre bien compte ni à se libérer d'une sorte de parallélisme ou de symbolisme qui cherchait à maintenir entre les données de la connaissance distincte et de la spéculation métaphysique une relation idéaliste ou même mathématiquement analogique, alors cependant qu'il avait acquis le sentiment, le désir, l'intuition à demi obscure d'une relation de ces deux termes non plus seulement spéculative et inopérante, mais réellement assimilatrice et efficacement agissante.

Toutefois, en un autre sens, on peut dire que Leibniz avait assurément raison de vouloir coûte que coûte maintenir un

lien de solidarité entre les données de la perception ou de
la pensée discursive et les réalités inaccessibles aux sens ou
à l'entendement abstrait. Avec une pénétration très méritoire,
il devinait qu'une telle liaison ne saurait être ramenée à
aucun des modes de synthèse que fournissent les expériences
courantes, ou les constructions scientifiques, ou les analyses
rationnelles. Mais, tout en se refusant justement à lâcher
prise et à se désintéresser du lien qu'il ne réussissait pas
à saisir exactement, il s'est perdu dans des métaphores qui
prouvent uniquement et tout ensemble la sincérité foncière
et l'impuissance effective de son effort pour dépasser à la
fois le dogmatisme décevant des sens et de la conscience
et aussi celui de la raison analytique et de l'intuition purement intellectuelle. Tout en cherchant à s'élever au-dessus
des abstractions et des notations analytiques, Leibniz y
retombe constamment (nous l'avons déjà noté, mais nous le
comprenons mieux à présent), par sa terminologie même
qu'il n'a pas su adapter et renouveler autant qu'il l'eût fallu
et autant que c'eût été possible. Assurément, la difficulté est
grande de formuler, dans notre langage qui est toujours
discursif, des réalités et des certitudes qui ne se laissent
pas réduire au « discours ». Mais pour qui a l'expérience
vive et la conviction lumineuse de ces « présences réelles »
que n'épuise aucune « représentation », la langue elle-même
réussit à suggérer la plénitude qui cause la ligature de nos
facultés d'expression ; comme c'est le cas pour ces contem-
platifs qui, devenus impropres à méditer par points successifs, parviennent cependant à discerner avec précision, à
décrire avec fidélité, fût-ce par des négations, l'esprit nouveau et « unitif » dont ils sont animés. Leibniz, lui, continue
à s'attacher à des littéralités, et il balbutie des mots dont le
sens, impossible à vivifier, a été pris parfois, non sans
vraisemblance, pour une mauvaise plaisanterie. Le lecteur

en a déjà pu faire spontanément la remarque ; et il a même estimé peut-être que nous passions trop vite, avec trop de complaisance, sur des expressions vraiment « renversantes ». Il est visible par exemple, que Leibniz s'égare quand il nous parle d'un écho antérieur, pour ainsi dire, aux ondes multiples qui se répercutent en lui, comme si la synthèse formée par ces vibrations sonores était la cause véritable et la raison initiale des sons eux-mêmes. Une telle façon de s'exprimer en cherchant à utiliser les données physiques à la fois littéralement et au rebours des lois positives de la science ne laisse pas que d'être plus que défectueuse. Elle réussit mal à traduire le renversement qu'on veut marquer et elle indispose les esprits au lieu de les éclairer. Car enfin il s'agit ou il devrait s'agir du passage ou de la substitution d'un point de vue à un autre point de vue tout différent, ou comme eût dit Pascal, d'un ordre à un autre ordre qui est un infini par rapport à l'ordre d'abord considéré.

Faute peut-être de vie intérieure et de puissance évocatrice, Leibniz, à la différence de Pascal, n'a pas su opérer une vraie transposition de perspective, comme celle que nous présente la doctrine pascalienne de l'incommensurabilité et de la subordination des trois domaines constitués respectivement par les grandeurs de la chair, par le royaume de l'esprit et par l'ordre de la charité : chacun de ces ordres ayant son contenu propre, sa beauté originale, son infinitude spéciale ; chacun gardant sa place distincte, sa raison d'être particulière, sa relation mystérieuse avec les autres. Sans doute on peut regretter que Pascal n'ait pas, lui non plus (et pour des causes inverses, par des préoccupations et des dispositions opposées à celles de Leibniz), complètement réussi à déterminer le genre de relation qui subsiste, malgré leur hétérogénéité et leur « distance infinie », entre ces trois ordres : il les a discernés avec une incomparable pénétration de leur contenu; il les a juxtaposés comme des faits, mais sans rendre compte de leur trinité, sans même chercher à rendre intelligibles leurs rapports réciproques. De leur coexistence, il a cependant escompté une unité qui échappe aux prises de la raison, mais qui n'est pas pour cela au-dessus de cette pensée vivante, aimante et agissante dont avec son âme brûlante et lumineuse il a si justement parlé. Mieux valait en somme sauvegarder la valeur et la dignité propres de chacun de ces ordres que de tendre à tout réduire à une sorte de « caractéristique universelle » où la charité elle-même, la vie de la grâce et les plus hautes fonctions de l'esprit sont finalement, comme chez Leibniz, toujours plus ou moins ramenées au langage scientifique et aux perspectives de la simple raison calculatrice.

Toutefois ce serait manquer de justice à l'égard de Leibniz, que de ne pas lui savoir gré d'un effort que seul peut-être il a méthodiquement tenté : chercher à raccorder les deux formes de pensée, les deux sortes d'existence que bien d'autres avant ou après lui ont entrevues, mais sans que jamais on ait tenté, par une analyse critique, de discerner leur suture et leur complémentarité; et le mérite singulier de Leibniz, c'est d'avoir ébauché cette tentative (si déficiente ou même si décevante qu'elle soit condamnée à rester de ce point de vue unique et inférieur), en restant placé du côté même de la science positive et de la métaphysique strictement rationnelle et discursive. Afin de parvenir à une solution totalement éclairante et apaisante, il eût fallu se placer effectivement dans l'une et l'autre des perspectives (et encore une fois Leibniz est toujours resté unilatéral); il eût fallu peut-être surtout une maturation plus avancée des problèmes soulevés par l'esprit critique (et Leibniz avait eu à frayer le passage dans un fourré qu'on ne pouvait traverser du premier coup); il eût fallu, davantage encore, un sens des choses de l'âme, une expérience si l'on peut dire esthétique, cordiale et religieuse des plénitudes de la réalité vivante et spirituelle (et Leibniz, si prodigieusement riche en d'autres domaines, est pauvre en celui-là).

On voit donc, par les brèves indications qui précèdent et qui répondent au *programme strictement limité de ce cha-pitre*, d'une part quelles ont été les causes principales des embarras de Leibniz, d'autre part en quel sens et de quelle façon il restait dans la philosophie générale de Leibniz un *trou* pàr *en haut,* un « besoin », une « exigence », dont nous n'avons pu encore avec lui *donner qu'une idée en quelque sorte négative.* C'est seulement par ce « vide attirant » que, dépassant déjà un peu les suggestions de Leibniz et devan-çant nos propres explorations, nous commençons à entrevoir quelle sorte de « plein » correspondrait à ce *vide* requérant et « exigeant ». Afin de soutenir notre confiance dans notre hasardeux périple, il n'était sans doute pas inutile d'escompter, un peu imaginairement peut-être, ce que le *Vinculum* pour-rait ou devrait être pour remplir efficacement le rôle que son inventeur lui demandait de jouer. Grâce à cet escompte, nous pouvons risquer déjà sur la valeur intrinsèque du *Vin-culum* leibnizien un premier jugement motivé, jugement qui ne saurait être une approbation sans réserve, mais qui ne pourrait pas non plus, sans injustice, ne pas demeurer éminemment favorable et encourageant. Bref, ce qui nous fait désormais prendre le *Vinculum* au sérieux, ce n'est pas tant la solution restée à l'état flou et fuyant, que le problème même dont est née cette hypothèse : hypothèse qui a servi à manifester l'énoncé précis, la portée méconnue, le caractère inévitable et capital du problème même; et c'est ceci qui importe.

Reste à savoir ce que le correspondant de Leibniz et ce que Leibniz lui-même ont finalement pensé du *Vinculum*

pour leur propre compte, et dans quelle mesure cette hypothèse, considérée en sa teneur première et en son rôle historique, garde encore un intérêt pour nous. C'est ce que nous
devons examiner maintenant au chapitre V, avant de montrer
dans notre dernier chapitre, que la conception de Leibniz,
judicieusement redressée et complétée, pourrait servir à
opérer tout un renouvellement de la philosophi e.

CHAPITRE V

Quel crédit finalement Leibniz et Des Bosses ont-ils accordé au *Vinculum,* et quel intérèt cette doctrine, telle qu'elle a été présentée par Leibniz, conserve-t-elle pour nous?

On peut dire que Des Bosses, après avoir contribué à mettre Leibniz en face du *trou* de sa doctrine, ne s'est pas rendu compte de la portée de son objection, n'a pas compris l'émotion intellectuelle de son correspondant, n'a pas attaché d'importance à une hypothèse dont il ne voyait pas les raisons profondes et la portée lointaine. Il s'est contenté des solutions communes et, en ce qui concerne la Transsubstantiation, il s'est borné à invoquer des *accidentia absoluta,* comme si ces mots, qui ne font que formuler en termes techniques la difficulté elle-même, en fournissaient une solution intelligible et reposante[1].

---

1. Cf. II, 432-433. « Nolim accidens merum semper modum esse, id est talem qui ne divinitus quidem sine substantia esse queat, nec ullam video contradictionem in eo quod aliquod ens mediam datur inter substantiam et merum modum, quod medium ens an accidens vocandum sit lis erit de voce. » (II, 453.) — Des Bosses revient souvent sur cette définition classique et se contente de l'affirmer comme si elle était la solution et non l'énoncé du problème : « Ego aio esse accidens absolutum, absolutum quidem quia nulla modalitas rerum per se inextensarum et immobilium potest reddere res illas vere extensas et vere mobiles, etc., accidens vero quia praesupponit substantiam compositam jam in esse suo constitutam per monadas earumque modos substantiales... » (II, 466.) Et il ne comprend même pas la fonction « substantialisatrice » du *Vinculum* : « Vinculum illud monadum tam parum

Quant à Leibniz, on peut dire, semble-t-il, qu'il n'a pas vraiment fixé ses conclusions personnelles : il a vu un « possible », même plus qu'un possible[1], un « besoin », une « exigence » de la pensée et de la réalité ; mais il n'a certes pas eu le temps de pousser à fond la solution hypothétiquement posée[2], d'autant plus qu'il lui eût fallu « une plus longue investigation » et que surtout il eût dû réagir, à près de soixante-cinq ans, contre des tendances et des habitudes invétérées, comme aussi contre des préférences rendant sa « conversion » intellectuelle aussi difficile qu'un retournement de conscience morale et religieuse. Raison de plus pour

videtur esse posse tota substantia panis quam parum vinculum inter animam et corpus est tota substantia hominis » (II, 463).

De son côté, Leibniz répondait : « Vinculum quod substantiam compositam facit, nolim appellare Accidens absolutum, quia mihi omne absolutum est substantiale... Nolim etiam Ens realisans phaenomena distinguere a vinculo substantiali. » (II, 475.)

1. Par instants, Leibniz est en effet beaucoup plus affirmatif ; et un avocat unilatéral du *Vinculum* pourrait, textes en mains, soutenir les arguments suivants, *crescendo* : Le *Vinculum* est « possible » ; même il est « compossible » avec toutes les autres thèses de Leibniz. Or tout ce qui est compossible en notre monde qui est le plus plein de réalité, est par là même « réel ». Bien plus, le *Vinculum* (s'il n'est pas une « donnée empirique », s'il n'est pas non plus une « nécessité logique » ni une « requête rationnelle » selon l'ordre formel des principes abstraits ou selon l'ordre métaphysique des causes efficientes), est « exigé », du point de vue des causes finales et selon l'ordre de la perfection qui a son genre de démonstration et d'excellence, « sa nécessité morale ». *Non datur, non implicatur, non requiritur,* sed (quod multo melius est) *exigitur.* — Oui ; seulement Leibniz n'a pas donné de consistance à un tel système d'arguments qu'il a laissés comme épars. En sorte qu'en le lui attribuant, on pécherait contre l'exactitude de l'histoire et contre la psychologie de Leibniz. Ajoutons même que l'idée de *nécessité morale* est très équivoque, très déficiente, très déviée chez lui, et que c'est précisément cette carence qui a peut-être le plus stérilisé son hypothèse.

2. On voit qu'il cherche si *d'autres solutions* seraient possibles ; mais il ne varie pas sur le caractère ferme, inévitable du *problème unique* qu'il a rencontré et qui s'est imposé à son attention. S'il fait preuve de « condescendance » à l'égard de Des Bosses, c'est non pas en proposant le *Vinculum* mais en cherchant si une autre solution que le *Vinculum* résoudrait la difficulté.

admirer encore une fois sa perspicacité, sa fraîcheur conservée d'invention, son intérêt toujours vivant pour les expériences et les constructions de son esprit inépuisablement fécond.

Faisons donc une première constatation : Leibniz n'a pas adhéré à sa propre doctrine du *Vinculum* d'une façon telle qu'on puisse affirmer qu'il l'a adoptée fermement et définitivement sans réticence d'aucune sorte. Je n'ai jamais pris à mon compte une telle affirmation, et je le répète à présent qu'on se rendra plus clairement compte du sens et de l'importance de cette distinction. Victor Brochard, qui m'avait tout d'abord prêté une conclusion aussi simpliste lors de la soutenance de ma thèse latine en 1893, a reconnu plus tard s'être mépris sur ce point. Ni Des Bosses, ni Leibniz lui-même n'ont accordé à la perspective entr'ouverte par le *Vinculum* l'importance qu'elle pourrait et qu'elle devrait prendre s'il fallait réorganiser toute la philosophie première en fonction de cette doctrine qui cependant n'est rien si elle n'en est l'aboutissement et le couronnement.

D'ailleurs, notons avec soin que, en émettant cette hypothèse, Leibniz avait beaucoup moins le sentiment de faire du nouveau que de se rattacher à l'ancien, fourni par la scolastique. Nous avons à cet égard des textes formels, et notamment celui-ci qui date de la fin même de sa correspondance avec Des Bosses, et qui manifeste l'intention de la résumer, de la conclure : « Mea igitur doctrina de substantiis compositis videtur esse *ipsa doctrina Scholae Peripateticae*, nisi quod illa Monades non agnovit. Sed has addo, *nullo ipsius doctrinae detrimento*. Aliud discrimen vix invenies, etsi animum intendas (II, 511) ». Sans doute (ainsi que je le faisais remarquer en 1892 après avoir cité ce texte capital), cette insertion des monades est d'une extrême importance puisque c'est par là que Leibniz relie la métaphysique traditionnelle à la science positive, à l'analyse critique, aux méthodes des hautes mathématiques et de la physique moderne. Mais enfin la déclaration est catégorique, explicite, manifestement sincère; et elle mérite d'être retenue et méditée.

D'un autre côté, on ne saurait trop redire que, parlant des *vincula*, il a employé le terme le plus fort que nous trouvions sous sa plume dans toute cette discussion. Il a dit que ces *vincula* sont « exigés » : *exigi vincula* et, quoique nous ayons déjà commenté cette expression techniquement choisie et grosse de sens, nous n'avons pas encore indiqué toute la portée de cette « exigence »; nous avons considéré la nature formelle de cette réclamation, mais il faut voir aussi à quelles causes, à quels objets, matériellement, elle se suspend. Sans doute on pourra objecter que cette exigence n'est pas absolue, qu'elle demeure hypothétique. Car les deux problèmes auxquels la théorie du *Vinculum* apporte une réponse sont, pour Leibniz, conditionnels jusqu'à plus ample examen : il *faut,* dit-il, faire intervenir les *vincula substantialia* d'abord *si* nous voulons qu'il y ait une réalité organique, ensuite *si* nous croyons au dogme catholique de la Transsubstantiation. Mais ce qu'il nous importe à présent d'apprécier, ce n'est plus la force du lien, c'est l'importance de l'enjeu : et quelle en effet ne se révèle pas la valeur des intérêts mis en cause, des objectifs philosophiques et religieux dont il nous est dit que le *Vinculum* leur est nécessaire d'une exigence vitale! On ne saurait surfaire la gravité du débat, pour peu que l'on considère l'étendue des domaines qu'embrassent de tels objectifs! D'une part, la composition, l'organisation est en fait partout répandue : c'est donc la nature entière et toute la métaphysique qui est mise en question par la théorie du *Vinculum*. D'autre part, c'est toute la foi de l'Église catholique à la surnaturelle Charité qui vient se condenser dans la croyance à la Transsubstantiation : c'est donc, en un sens exact et selon l'aveu de Leibniz, tout le catholicisme qui est intéressé à l'affirmation de l'existence du *Vinculum,* si du moins l'on aperçoit les profondeurs inexplorées et les difficultés inédites que Leibniz avait cru entrevoir à la suite de ses analyses critiques. Mais nous avons dit nos raisons de ne pas aborder l'aspect théologique du problème qui est originellement, principalement et finalement philosophique.

En somme c'est la logique même de ses propres analyses qui a amené Leibniz, sous le choc d'une digression théologique, à découvrir dans son système antérieurement construit des fissures produites par l'esprit critique, et creusant à leur tour un véritable abîme sous cet esprit lui-même. Il a bien vu l'insuffisance de ses monades pour rendre raison de la réalité objective et de l'unité, à la fois incomposable et indécomposable, sous peine de mort des êtres organisés. Sans doute il avait nominalement donné un monarque à chaque groupement particulier du peuple innombrable de ses monades. Mais n'était-ce pas là encore une concession aux apparences, une « poudre aux yeux », un compromis hybride? Aussi la question qui surgit finalement, c'est de savoir si c'est là une vraie solution ou bien si ce n'est qu'un spécieux expédient qui a non seulement l'inconvénient de ne rien expliquer, mais le tort plus grave de masquer la difficulté profonde, le danger réel d'effondrement. Il est très beau, certes, de mettre sur le pavois des mots une « monade dominante »; mais cette monade, fût-elle proclamée « dominante » au plus haut degré, n'en est pas moins une monade, c'est-à-dire premièrement un *simple,* deuxièmement un *emmuré,* troisièmement un *écho idéal et universel;* ce n'est pas un vrai chef d'union et d'action. Car « dominer », qu'est-ce à dire? S'agit-il d'un *situs* comme lorsqu'on dit qu'un donjon princier domine la plaine? Mais nous n'avons que faire des analogies sensibles. S'agit-il d'une puissance effective, comme celle d'un souverain qui gouverne ses sujets ou même d'un roi fainéant qui règne sans agir? Mais, dans la rigueur du système leibnizien, il n'y a point de cause directement efficace, aucune communication ou subordination qui ne soit *semi-idéale*. Quoi donc! parler ici de semi-idéalité, n'est-ce pas encore une habileté perfide pour suggérer subrepticement qu'il subsiste une *semi-réalité*, pour donner à croire qu'en sacrifiant la moitié de l'être réel on a fait largement la part des exigences critiques et qu'on tient enfin un résidu sûr et irréductible? Bluff encore et doublement. Car cette demi-idéalité devient idéalité complète, et cette idéalité prétendue s'évanouit elle-même si l'on songe qu'à part sa dépendance de Dieu chaque monade exprime et n'exprime que sa relation commune et universelle avec l'ensemble et avec l'originalité unique de chacune de toutes les autres. « Monade dominante », nous disions que ce n'était qu'un beau titre; eh bien, ce n'est pas même un titre, un titre capable d'offrir un sens intelligible et utile; pas plus que, du point de vue strict de la Monadologie, on ne réussit à donner une signification utile à l'énigmatique formule : « les composés symbolisent avec les simples » : aveu d'un problème, mais sans un trait de lumière vers la solution; recours verbal au mystère d'un « symbole » !

Si donc nous avons besoin d'un vrai chef, d'un chef capable d'empêcher la débandade de l'armée en tenant ses forces en une formation compacte et coopérante, ce n'est pas la monade censément dominante qui nous rendra ce service : elle ne saurait ni réellement, ni idéalement et intelligiblement, jouer un tel rôle unitif et actif. Elle n'a même pas l'autorité externe — merveilleuse en soi, mais insuffisante ici — d'une reine des abeilles, unité vivante, féconde et laborieuse de la ruche. C'est pourquoi, quand il entreprend de défendre l'hypothèse du *Vinculum*, Leibniz, faute de pouvoir l'établir par des arguments directs et par des descriptions positives, en allègue volontiers une preuve *a contrario* qu'il importe de relever. Appliquant la méthode scientifique d'absence, qu'il emploie d'ailleurs en d'autres occurrences, il en revient à supprimer en effet, par une nouvelle hypothèse, l'hypothèse nouvelle du *Vinculum*. Qu'en va-t-il résulter? Écoutons-le nous le dire en termes formels. « Tunc *corpora* in *phaenomena mera* abeunt, et eo ipso omnes controversiae de compositione continui cessant[1]. » Évidemment il n'y a plus à fournir une explication des composés, puisqu'il n'y a plus de composés; mais alors ce sont tous les étages de la nature qui s'effondrent les uns sur les autres en poussière, jusques au plus bas des fondations, et aux premières ébauches d'organisation.

Car enfin, de quoi s'est-il agi pour Leibniz? Il s'est agi de savoir si ce qui, à mes sens et à notre entendement, *paraît* complexe et multiple, ne comporte pas, ne manifeste pas une *unité réelle*, antérieure et supérieure à tout le reste du donné, quoique, dans sa vive et riche indivisibilité, cette unité soit inaccessible aux sens et à tout ce que l'intellect abstractif et discursif bâtit sur les phénomènes comme s'ils étaient l'être même. Leibniz paraît avoir compris que la véritable assise des choses est autre que ces échafaudages du monde de la représentation, de l'industrie utilitaire et même de la science la plus authentique. Il a cherché le support à la fois inaperçu et réclamé, le support « exigé », comme une de ses formules en fait l'aveu. Ce qui a donc pour lui tout remis en question, c'est le besoin de rendre compte, autre-

---

1. « Continuitas realis non nisi a vinculo substantiali oriri potest. Si nihil existeret substantiale praeter monades, seu si composita essent mera phaenomena, extensio ipsa nihil foret nisi phaenomenon resultans ex apparentiis simultaneis coordinatis, et eo ipso omnes controversiae de compositione continui cessarent. » (II, 517).

ment que par son demi-idéalisme pulvérulent, ou même évanescent, des réalités concrètes, des ensembles organiques, des êtres complexes à tous les degrés.

Comment, sans pour cela se fixer inébranlablement à une solution, n'aurait-il pas pris au sérieux la discussion d'un problème suscité dans son esprit d'une façon si contraignante et posé en des termes si implacables ? Quand il parle d' « union métaphysique » et de « substances composées », il parle d'une chose dont il a manifestement pressenti l'existence, aperçu la portée, examiné la nécessité, compris les difficultés. En un mot, l'invention du *Vinculum* est une preuve que l'auteur de la Monadologie a eu le sentiment que sa philosophie devait ou bien se développer dans le sens d'un idéalisme radical (plus radical encore que celui de Kant ou même que celui de Fichte ne devaient l'être après lui), ou bien découvrir les voies d'un réalisme vraiment métaphysique, dégagé des données empiriques et du plat dogmatisme qui prévaudra avec Wolff et avec la « philosophie des lumières ». C'est même cette platitude indigente qui a contribué à provoquer ce radicalisme téméraire et ruineux, tandis que par son *Vinculum* Leibniz eût pu nous prémunir contre cette double faillite du pseudo-simplisme à la Wolff ou à la Reid et du pseudo-criticisme des antinomies ou de l'immanentisme.

Si donc il ne faut pas majorer la force de son adhésion à sa propre doctrine du *Vinculum*, il ne convient pas non plus de diminuer le cas qu'il en a fait, la sympathie qu'elle lui a inspirée, l'importance qu'il y a réellement attachée. Les questions et les objections de Des Bosses n'ont fait ici que le stimuler : c'est bien de lui-même qu'il a tiré tous les éléments de sa théorie du *Vinculum*. Comment aurait-il été indifférent à cet enfant de sa vieillesse ?

Ce qui paraît plus douteux, c'est qu'il ait vu dans une suffisante clarté le nouveau dilemme que le *Vinculum* lui-même posait inévitablement. Le *Vinculum* explique, unifie, réalise les composés : c'est entendu. Mais d'où vient-il à son tour ? Quelle est son origine ? Il peut surgir d'en bas, ou il peut descendre d'en haut. Immanence ou Transcendance, c'est l'alternative tragique. Et il faut opter. Et Leibniz demeure énigmatique. Quel enjeu terrible en effet ! Dans le premier cas, il faudra admettre que le *Vinculum* naît pour ainsi dire par génération spontanée de la rencontre des atomes-substances, qu'il est en fait conditionné par eux dans son indéfinissable essence même, et que, contrairement à la grande loi de la finalité, il est *posterius partibus :* en ce sens il n'est plus qu'une « quasi-substance », une bulle de savon, *phaenomenon ut Iris*, même moins encore, parce que n'étant pas une monade et ne pouvant dès lors usurper le rôle censé gouvernemental de la monade dominante, il n'a d'ontologique que la pure épithète accolée nominalement à une abstraction, *Vinculum substantiale.* Dans le second cas, si l'on doit encore affirmer de lui qu'il a une naissance, « oritur », c'est dans un sens bien délimité et très supérieur, car alors il est vraiment un être neuf, un être transcendant, qui, selon le temps, peut être postérieur à ses conditions d'existence, mais qui, selon l'ordre ontologique, est antérieur à ses conditions pratiquement et chronologiquement déterminantes : alors comme sur un trône préparé et inoccupé il s'installe vraiment d'emblée au sommet d'une hiérarchie qu'il actionne et maîtrise, et il est vraiment soutien efficace des parties parce qu'il est principe effectif du tout. — Il est difficile de dire laquelle de ces deux conceptions diamétralement opposées Leibniz a secrètement choisie, ni même s'il a songé à prendre nettement position pour la première, qui est ruineuse, ou pour la seconde, qui est libératrice et féconde. Nulle part il n'a précisé en ses formules la nature essentielle du *Vinculum* rapporté à son origine. Tantôt ce lien mystérieux paraît devoir son avènement à un concours de monades ; tantôt, quoique préparé d'en bas, il semble surajouté d'en haut comme une création originale de Dieu[1]. Tout ce que l'on peut avancer, c'est que cette seconde manière de voir correspond le mieux aux dires les plus nets et les plus fréquents de Leibniz. Le Vinculum est *plutôt* composant que composé, unissant *plutôt* qu'union, nous affirme-t-il en se reprenant : *potius !* Mais ce *potius* n'est pas très rassurant, et on dirait qu'il évite d'être catégorique pour garder le bénéfice simultané des deux interprétations possibles, quoique non compossibles ; d'autant plus que l'*Uniens* est plutôt un acte qu'un être, et que cet acte peut sembler réductible (comme l'activité attribuée aux monades) à un concert idéal, décoré de l'épithète de *realis* qui n'est ici qu'une épithète.

Peut-être que les lecteurs qui auront recouru au texte de la correspondance avec Des Bosses ou qui se seront reportés à ma thèse latine seront étonnés de l'ambiguïté signalée plus haut. Il leur semblera sans doute que je méconnais la vraie solution à laquelle s'est finalement arrêté Leibniz, car dans ses brouillons qu'il a rédigés pour lui-même avant d'écrire à Des Bosses et pour s'entendre avec lui-même sur le sens de sa nouvelle invention et sur la manière de l'insérer en son propre système, il paraît bien avoir fixé son choix et fourni un bel état-civil à son dernier-né[2]. D'une part, ce qui con-

---

1. « Si substantia corporea aliquid reale est praeter monades, uti linea aliquid esse praeter puncta, dicendum erit, substantiam corpoream consistere in unione quadam ; aut potius uniente reali a Deo superaddito monadibus, et ex unione quidem potentiae passivae monadum oriri materiam primam, nempe extensionis et antitypiae, seu diffusionis et resistentiae exigentiam... » (II, 435.) Il faut d'ailleurs remarquer que ce texte se rapporte plutôt à la première et mauvaise conception du *Vinculum*, en rapport avec la question de la matérialité plutôt qu'avec celle de l'organisation et de la finalité.

2. Il est utile de mettre sous les yeux et de confier à l'attention du lecteur ce texte qui semble le plus précis, le plus décisif de ceux que Leibniz, écrivant pour lui-même, a consacrés à son hypothèse. Mais

cerne la science et la métaphysique idéaliste avec toute la
Monadologie, exprime l'ordre des causes efficientes comme
l'objet de l'entendement divin. Puis, d'autre part, le règne
des causes finales, effet de la volonté divine manifeste
cette souveraine liberté qui réalise le monde le plus parfait,
le plus plein d'essences, l'ordre où trouve place, comme une
perfection nouvelle et suprême, l'*Unio metaphysica*, le *Vinculum substantiale*. J'avais d'abord admiré et commenté
cette interprétation comme si elle devait nous satisfaire
nous-mêmes et confirmer la sincère adhésion de Leibniz à
son hypothèse ; je développais même ce tableau d'une
symétrie spécieuse entre ces deux règnes dont l'accord avait
été toujours le vœu ardent de Leibniz. Mais c'est là encore,
me semble-t-il aujourd'hui, une trompeuse satisfaction, une

malgré le ton presque impérieux de cet oracle où il semble que Leibniz
voyait en pleine lumière la Charte même de son invention, nous allons
voir qu'il s'agit encore d'une fausse lumière qui n'a pas duré. Dans
la suite même de sa correspondance Leibniz ne reste pas conséquent
avec les formules tranchantes qui ont pu lui paraître un instant défi-
nitives et cohérentes. Après avoir passé en revue les degrés de son
idéalisme de manière à faire consister la réalité des choses non point
en notre pensée et dans les relations que les choses ont entre elles
mais dans le fait que ces relations mêmes sont les « phénomènes de
Dieu », Leibniz arriva à déclarer : « in hoc consistit relationum ac veri-
tatum realitas », II, 438. C'est alors qu'il ajoute cette déclaration portant à la fois sur la solution générale du problème ontologique et sur
la question particulière de la transsubstantiation :

« Praeter has relationes reales concipi una potest perfectio, per
quam EX PLURIBUS SUBSTANTIIS ORITUR UNA NOVA. Et hoc non erit simplex resultatum, seu non constabit ex solis relationibus veris, sive
realibus, sed praeterea addet aliquam novam substantialitatem seu
vinculum substantiale, nec solius divini intellectus, sed etiam voluntatis effectus erit. Hoc additum monadibus non fit quovis modo, alioqui
etiam dissita quaevis in novam substantiam unirentur, nec aliquid
oriretur determinati in corporibus contiguis, sed sufficit eas unire
monadas, quae sunt sub dominatu unius seu quae faciunt unum corpus
organicum seu unum Machinam naturae. Et in hoc consistit *vinculum
metaphysicum animae et corporis*, quae constituunt unum suppositum,
et huic analoga est *unio naturarum in Christo*. Et haec sunt quae faciunt
unum per se seu unum suppositum » (II, 438-439).

symétrie de fausses fenêtres ; et, si le *Vinculum* répondait
au signalement que nous donne cet extrait de naissance, il
faudrait, je crois l'accuser d'être un artifice peut-être incons-
cient, mais inconsistant.

A ce compte, en effet, il nous faudrait opposer plutôt que
coordonner le domaine de la volonté et de la finalité et celui
de l'intelligence et de la causalité. Assurément Leibniz a
tendu toujours au maintien d'un ordre irréductible de la
nécessité morale ; mais cette nécessité morale reste elle-
même gouvernée par un déterminisme foncier. Aussi, même
quand il fait appel à la volonté divine ou quand il parle de
la liberté humaine, c'est toujours d'une prédestination, d'un
calcul métaphysique, d'un intellectualisme radical que relè-
vent chez lui ces grands mots et ces grandes choses. C'est
pourquoi le *Vinculum*, dans cette perspective résulte, au fond,
des substances qu'il est censé unir. L'expression qui traduit
cette vision spontanée de Leibniz est bien celle-ci : « *ex
pluribus substantiis oritur una nova* ». Cette origine apparaît donc comme une synthèse, d'où le mot passif *substantia
composita*. Leibniz a beau se reprendre, parler de *substantia componens*, de *divinae voluntatis effectus* : en dernière
analyse il revient à l'idée constante d'un nouvel ordre de
possibles que l'intelligence propose, pour ne pas dire qu'elle
l'impose à la ratification du vouloir divin. Pour conférer au
Vinculum une réalité d'un caractère vraiment original et
transcendant, il faudrait que Leibniz y eût vu moins un
effet de puissance et un progrès d'intelligence qu'une générosité de l'amour effectif de Dieu.

Ce qui confirme cette impression équivoque et ce jugement
défiant, c'est qu'en somme la symétrie proposée facticement
entre l'entendement et le vouloir, entre la nécessité métaphysique et la nécessité morale, entre le règne de la causalité et celui de la finalité nous amènerait à cette étrange

conséquence : si le *Vinculum* est seul réel comme l'effet de la volonté, les Monades qui seraient censées alors exprimer l'objet de l'intelligence n'auraient plus qu'un rôle de possible, une réalité d'essences ; et, par là la Monadologie tout entière s'orienterait non seulement vers un idéalisme absolu mais vers un panthéisme intellectualiste. On voit donc que nous ne saurions nous réjouir de la méditation à laquelle nous fait assister le dialogue de Leibniz avec lui-même. Il reconnaît bien (et c'est là un point essentiel dont nous devons prendre acte) qu'outre les monades il y a un autre mode d'existence ; mais il ne faut pas que ce mode d'existence fasse évanouir l'ordre antérieur lui-même. Il ne faut pas non plus que, pour donner une pleine réalité substantielle à des *Vincula* qui seraient pur effet du vouloir divin, on aboutisse à un volontarisme absolu et arbitraire. Certes, Leibniz n'était pas exposé à tomber de ce côté de la bascule ; mais d'autres y ont été entraînés et c'est trop que son hypothèse n'ait pas réussi à se maintenir en équilibre, à se stabiliser vraiment ; et c'est à cette conclusion que nous voulions arriver : le problème posé est à résoudre, il n'est aucunement résolu par Leibniz.

On a donc pu dire que sa tentative est bien amorcée mais finalement avortée. Il fait penser, comme on l'a finement indiqué, à un mathématicien qui aurait bien compris que la sommation consiste à passer à la limite, mais qui, négligeant le renversement réflexif capable d'objectiver en résultat la tendance et son terme, se verrait incessamment rejeté de la limite où il voudrait s'installer à la simple tendance, et de celle-ci à la limite qui l'accomplit, sans jamais pouvoir se définir à lui-même sa propre opération. Sa conception de la matière, de la liberté, son optimisme même, autant de théories analytiquement parfaites, mais que la simple perception et affirmation d'un corps déborde et suffit à remettre

en question. Mais si l'on fait abstraction de ces défauts
fonciers et d'ailleurs incurables, quelle prodigieuse subtilité,
quelles suggestions utiles ressortent des efforts désespérés
du philosophe! Et, en ce qui touche ce qu'on peut nommer
« la possibilité réelle de la transsubstantiation », combien il
serait curieux d'examiner les ingéniosités de ses explications
hypothétiques. Mais nous ne voulons entrer ici dans cette
recherche et cela pour deux raisons : d'abord elle est étrangère à notre sujet et à notre compétence, ensuite nous venons
de voir que malgré tout elle porte à faux. On peut, en effet,
opposer à Leibniz le dilemme : si le vrai réel c'est l'ordre
des causes finales et des *vincula,* toute possibilité de miracle
est une illusion. Si, au contraire, la volonté divine peut
encore intervenir au point de changer la relation naturelle
des *Vincula* à leurs monades, c'est donc que la nature
qu'on avait tout d'abord considérée comme le réel et le fruit
de la volonté divine ne l'est pas vraiment, mais n'est encore
qu'un abstrait, sans doute en un autre sens que l'ordre des
simples essences, mais un abstrait en face de l'ordre seul
pleinement concret et pleinement réel de la Grâce.

Il est donc bon de faire saigner à fond ces plaies secrètes.
Non certes pour décourager l'effort curateur, mais au contraire
pour préparer la cicatrisation qui ne saurait s'obtenir que
par une reprise complète de l'opération chirurgicale vainement tentée tour à tour par Leibniz, par le criticisme et par
nos relativistes et nos immanentistes contemporains.

Quoi qu'il en soit des préférences de Leibniz (s'il en a
eu vraiment) pour l'une ou l'autre des interprétations possibles relativement à la cause originelle de son *superadditum*
et quelque crédit qu'il ait accordé à l'hypothèse du *Vinculum,*
il reste vrai que, prise dans sa lettre et comme une donnée
d'histoire, sa doctrine du lien substantiel garde pour nous un
très grand intérêt.

Une chose demeure acquise par l'examen des faits et par l'étude de l'histoire des idées philosophiques, c'est qu'il y a à résoudre une antinomie apparente qui résulte des impuissances de la pensée analytique et des triomphes de la réalité agissante en face de l'infini actuel. Selon l'enseignement de l'Ecole, cet infini actuel, qu'enveloppe toute réalité singulière, ne saurait être épuisé par aucun effort de la *ratio discursiva*. Répétons encore l'axiome bien connu : *infinitum actuale discursu rationis transiri nequit*. Cependant, dans la nature ou par l'action humaine, ou par la plus haute intelligence dont la vie unitive soutient invisiblement, mais réellement, notre activité transitive, cet infini est sans cesse traversé et franchi : *re, actu et intellectu, perpetuo transitur*. En sorte que, lorsque la pensée rationnelle considère qu'il faut s'arrêter toujours à un terme fini selon l'exigence aristotélicienne dont nous avons déjà parlé plus haut, c'est là un artifice inavoué et non une vérité élémentaire. C'est donc à tort que la réflexion critique regarde comme fictive ou imaginaire la démarche du calcul infinitésimal qui escompte l'impossibilité d'arrêter la réduction du réel en données simples ; car, au contraire, c'est la paradoxale attitude des hautes mathématiques et c'est la vie concrète de l'intelligence (*intellectus* et non plus seulement *ratio*, pensée unitive et non plus simple esprit géométrique) qui est fondée dans la réalité et supérieure aux divisions artificielles de l'entendement. On peut donc conclure que la pensée pure ne s'embarrasse pas dans les « antinomies », dans ce que Leibniz nomme, lui, « le labyrinthe » du continu et du discontinu. Ce qui est illusoire, ce qui suscite les embarras inextricables, c'est le faux présupposé d'après lequel les données concrètes et les réalités métaphysiques sont totalement réductibles à des composantes, comme si le monde physique ou le monde immatériel étaient formés par addition de parties seules primitivement réelles et plus substantielles

que les êtres complexes qui, tout en nous paraissant résulter
d'une intégration d'éléments préalablement donnés, expriment
cependant une unité supérieure, une nouveauté radicale, un
surcroît incomposable et indécomposable, une simplicité
d'autant plus indivisible qu'elle est plus riche intérieurement
de puissances multiples et de qualités variées.

Voilà ce dont Leibniz a certainement obtenu, à certains
moments, le vif sentiment, sans pour cela renier la valeur de
ses analyses antérieures. S'il n'a pas réussi à tirer au clair
les deux sortes de réalités dont il a entrevu la différence en
même temps que la solidarité, il a du moins constamment
maintenu l'utilité de ses analyses scientifiques et métaphysiques afin d'empêcher le retour offensif du faux réalisme, du
dogmatisme illusoire des sens et de l'entendement. Aussi doit-
on lui savoir gré, comme d'un grand service rendu à la plus
haute spéculation, de nous avoir mis en garde contre une
intuition intellectuelle au rabais, contre un ontologisme vague
ou sentimental. Il a montré dans quelle direction la philosophie critique [1] doit orienter son effort, après l'établissement
de sa *part destruens*, pour devenir « requérante », reconstruc-
trice du réel, capable de solutions satisfaisantes et unifiantes
où se concilieraient la *ratio cognoscendi* et la *ratio essendi*.
Mais il faut avouer (pour les causes déjà signalées et qui ne
sont pas les seules) l'impuissance où il est resté de définir et
d'emplir d'un contenu satisfaisant l'affirmation de cette réalité
qu'imparfaitement il nomme *Unio metaphysica, Vinculum
substantiale*. De même, il a peut-être encore davantage échoué
à découvrir et à préciser le genre de relation qui, du point de

____

1. Gardons-nous bien en effet de confondre le légitime et nécessaire
et salutaire *point de vue critique* avec la *solution criticiste* : elle n'est
qu'une réponse particulière à un problème qui est en effet à poser,
mais qui a été mal posé et conséquemment mal résolu par l'idéalisme
transcendantal, lequel part de présupposés factices et de pseudo-don-
nées notionnelles, telles que l'opposition abstraite du sujet et de l'objet.

vue de la connaissance ou du point de vue de l'être, rattache le monde des apparences à cet ordre d'une réalité transcendante à toute perception ou conception de la conscience sensible et de la raison discursive. Il a suggéré, sans en définir le contenu, l'idée féconde de ce *novum subsistendi genus :* cette expression si grosse de sens et de promesses mérite d'être retenue comme l'indication qui, à la croisée des routes, signale ou le précipice à éviter ou le passage vers des horizons inexplorés.

Mais, dira-t-on, cet échec d'un puissant esprit, qui avait su discerner la fissure par où s'est introduit et répandu tout l'acide corrosif du criticisme et du relativisme modernes, ne prouve-t-il pas, mieux que toute argumentation, à quel point la tentative est chimérique? C'est à ce doute que répondra notre sixième et dernier chapitre.

CHAPITRE VI

Quelles confirmations et applications l'hypothèse du *Vinculum* comporte-t-elle, et vers quelle philosophie plus concrète et plus intégrale nous conduit-elle?

S'il m'a paru bon de revenir sur cette question obscure et à bien des égards décevante du *Vinculum*, c'est que, en l'étudiant, on est amené à s'éveiller en même temps du *sommeil dogmatique* et du *préjugé critique*, deux espèces contraires d'un même genre, deux extrêmes qu'il ne faut pas traiter comme des contradictoires, ni même comme des contraires exclusifs l'un de l'autre, mais qui apparaissent désormais comme des vues portant sur des aspects solidaires ou comme des mouvements différents, subordonnés à une vérité plus compréhensive [1]. D'où l'utilité de déblayer le terrain des murs qui masquent nos regards et d'étendre l'investigation en un champ ultérieur. Je ne voudrais pas toutefois que l'on

---

1. L'étude publiée en 1908 dans la *Revue de métaphysique* sous le titre « L'illusion idéaliste » s'inspire précisément d'une idée analogue à celle que je suggère ici. Réalisme et idéalisme, en tant qu'on prétendrait les opposer absolument substituent de part et d'autre aux données authentiques des abstractions que l'on isole et que l'on hypostasie par une sorte d'extrapolation : on pose un sujet en face d'un objet comme une pierre en face d'une pierre ou comme une chose devant un miroir; on perd de vue les communications initiales, les échanges continuels; on canonise des oppositions durcies et en quelque sorte substantialisées prématurément et artificiellement. Rien d'étonnant si l'on aboutit à des confusions ou à des antinomies inextricables sans pouvoir réaliser l'union finale dans la distinction sauvegardée.

s'imaginât devoir trouver ici une ébauche des livres en préparation où je traite de la « Pensée » et de « l'Être », ni une première application de la méthode que j'y emploie. Non. Si je dois à l'hypothèse du *Vinculum* d'avoir de bonne heure aperçu les lézardes de l'édifice abstraitement et analytiquement dogmatique ou le périlleux arbitraire de l'intuitionnisme aussi bien que les illégitimes présupposés et les fonds crevassés de l'idéalisme critique, je n'ai cependant à aucun moment repris pour mon compte le tracé de Leibniz. Le très long temps qu'il m'a fallu pour me frayer des voies tout autres que les siennes et que celles, ou de Kant, ou de Biran, ou de leurs successeurs, tient à mon souci constant de vérifier à chaque pas les données concrètes dont je voulais m'assurer qu'elles me maintenaient toujours en contact avec la terre ferme. — « Alors, dira-t-on, travail inutile que cette étude sur le *Vinculum ?* » — Non pas. Car, si elle ne fournit vraiment ni la méthode, ni la conclusion, ni même l'énoncé exact du problème, elle sert à montrer que ce problème même, si ordinairement escamoté qu'il soit, est réel et inévitable, à justifier la témérité qu'il m'a fallu pour affronter une telle difficulté, et à préparer le lecteur aux exigences inédites de méthode et aux renouvellements salutaires de perspective que j'aurai à lui proposer dans une œuvre d'ensemble [1].

Mais, sans anticiper ici sur un exposé de caractère différent et de nature personnelle, j'espère qu'il y aura intérêt à éclairer

---

1. Peut-être aussi cette étude aidera-t-elle certains des critiques qui m'avaient jadis accusé de subjectivisme, de solipsisme, d'idéalisme, d'immanentisme, à comprendre qu'en repoussant ces griefs je ne méritais pas davantage encore leurs foudres contre ma « présomption de jeunesse », contre ma « manie de la contradiction tranchante et injustifiée ». Les peintres préparent leurs toiles par des glacis colorés : on me pardonnera d'avoir ici fait voir qu'il y avait, pour « *l'Action* », des « dessous » qui ne m'apparentaient nullement à Kant ou à Luther, comme on me l'a expressément reproché, sans me laisser même le droit de protester.

encore davantage le sens de la doctrine du *Vinculum* en y projetant la lumière empruntée à l'histoire de la philosophie. Pour cela, il faut faire intervenir et le passé qui a précédé Leibniz, et le passé qui l'a suivi. Car ce qui était l'avenir pour lui est devenu du passé pour nous. Et c'est même à l'aide surtout de cette dernière tranche du temps écoulé entre lui et nous que nous comprendrons mieux le service qu'il nous a rendu comme aussi le profit que nous pensons tirer de lui en vue de ce qui, pour nous-mêmes, reste l'avenir.

Tout à l'heure, au risque de me faire accuser par des maîtres qui ne plaisantent pas sur la séparation classique des genres, de mêler les thèses authentiques de Leibniz avec des vues personnelles dans un travail semi-historique, semi-dogmatique, j'ai pu laisser croire que je parlais du *Vinculum* comme si je l'avais touché de mes mains, tel un vieil ami de cinquante ans ! Et j'entends qu'on me dit : « Vous vous trompez bien si vous pensez que vous nous l'avez fait réellement voir : nous ne trouvons, quant à nous, aucun profit à tirer de cette hypothèse incontrôlable, tant elle paraît étrangère à ce qui peut être perçu, vécu ; nous ne voyons même aucune possibilité de fixer l'attention sur quelque exemple précis, sur quelque analogie suggestive. Alors à quoi bon se perdre dans ces inventions arbitraires, gratuites, stériles ? » Eh bien ! ces critiques sont injustifiées, comme il va être possible de le montrer, même rapidement, et nous ferons peut-être voir aux contempteurs du *Vinculum* qu'ils y recourent eux aussi pour leur usage propre et constant. Sans pouvoir toutefois développer ici[1] toutes les raisons et tout le contenu de cette

1. Pour s'éviter la tentation de croire que les vues dont nous allons l'entretenir un moment sont illusions d'optique et propos en l'air, le lecteur pourrait peut-être prendre connaissance dès maintenant de l'Appendice IV. L'allégorie qui y est proposée n'est pas un mythe ; elle présente une réalité de fait ; et cette vérité aidera à la fois l'imagination, et la raison à fournir une idée concrète et intelligible du *Vinculum*. Elle

union d'une pensée plus concrètement métaphysique et d'une réalité plus substantiellement intelligible, je me bornerai à énumérer quelques exemples qui permettront de saisir sur le vif et en acte la présence à la fois mystérieuse et éclatante, abstruse et populaire, de ce *superadditum quid* dont on fait si bon marché. Il apparaîtra alors qu'il est plutôt un *primum movens* et un *totum infrangibile* qu'une *summa compositorum ulterior*. Il n'est pas fourni d'en bas, mais donné d'en haut ; il ne subit pas, il domine les éléments dont l'antériorité de fait ne doit être considérée que comme une condition, non comme une cause. *Oritur nova substantia, perfectior et vinciens*, voilà le véritable acte de naissance du *Vinculum*, qu'on ne saurait dès lors mépriser sans un immense détriment pour la recherche philosophique. Non, décidément, il n'est pas « l'enfant trouvé », le monstre ou le fantôme que l'on pourrait croire.

Pour le mieux estimer avant même de réussir à nous en faire une de ces idées familières et toutes simples que Pascal disait convenir aux plus grandes choses, il y aurait profit tout d'abord à nous référer aux doctrines de l'Orient où la sagesse s'est attachée à promouvoir une disposition simplifiante de la vie intellectuelle et morale, envisageant en cela les choses au rebours de nos sciences analytiques et de nos activités industrielles. La tradition de la pensée occidentale n'a pas ignoré ce domaine de la contemplation, soit sous des formes spéculatives et dans la hautaine lumière d'une pure et froide intelli-

montre en même temps comment les choses d'en bas ont déjà une consistance propre et même indispensable, mais aussi comment une chose d'en haut, existant elle-même à part, consolide l'ordre inférieur et existe de façon éminente et réelle en tout le reste. Lorsque Leibniz nous dit que la réalité transcendante dont il propose l'hypothèse *potest distincte concipi et exigi, sed non explicari imaginabiliter*, il n'aboutit en somme qu'à un réalisme verbal, à une abstraction hypostasiée. Mais si cette réalité est réelle, concrète, efficiente en même temps que finale, elle offre prise à la pensée concrète, elle aussi.

gence, soit dans les réalisations pratiques obtenues par les voies de l'ascèse et de la mystique. — Depuis Xénophane qui, selon le mot d'Aristote, avait le premier pris l'unité totale comme centre de perspective ὁ πρῶτος ἑνίσας ; — depuis Zénon d'Élée qui, inversement, avait montré l'impossibilité logique et réelle de s'en tenir à la conception analytique et morcelante du monde ; — depuis Platon qui, grâce à la vitesse acquise sur les degrés de la dialectique et le « tremplin du discours », s'élevait « par un bond soudain » à l'intuition réminiscente et transcendante de l'Un, de l'Idée, de l'Être inaccessible au devenir ; — depuis Aristote qui, malgré son attachement aux démarches progressives de la prudente logique, reconnaît cependant au-dessus de cette vie moyenne de l'esprit des éclairs d'éternité grâce auxquels, en certains instants privilégiés et fugitifs, nous « faisons les immortels » ; — depuis Plotin et ses processions qui tendent à transcender toute idée même d'Unité et d'Être défini ; — à travers les grands Docteurs chrétiens et la Métaphysique des saints, où il y aurait tant d'expériences, d'enseignements et de textes à recueillir sur la Pensée Unitive, sur l'illumination intérieure, sur les hautes opérations de l'*Intellectus*[1], sur la nature profonde des êtres qui ne peuvent être pleinement connus en leur singularité concrète que par une compréhension synthétique ou même supra-discursive [2] ; — jusqu'à Descartes espérant transformer ses déductions en

---

1. Récemment, à Louvain, parmi les thèses soutenues le 5 juillet 1928 par M. l'abbé *Edmond Goossens*, figure celle-ci : « Mieux sans doute que M. Bergson, M. Blondel a vu que, après avoir échappé à l'impasse du positivisme, il fallait encore se dispenser du saut dans l'inconnu en évitant de s'en remettre au sentiment, au cœur, à la volonté, à la croyance » (Thèse IV).

2. Ce n'est pas seulement dans saint Augustin qu'ou trouverait toute une doctrine et toute une méthodologie de la pensée unitive. Les Pères de l'Église, les maîtres du Pré-Moyen âge, les thèses les plus vitales de l'École, les enseignements des Victorins, ceux de saint Bonaventure, comme de l'École flamande ou espagnole, offrent une immense moisson qui n'a pas été toute liée en gerbes.

intuition; — jusqu'à Spinoza aspirant à la connaissance du troisième degré où l'universel concret et singulier est vu et réintégré *sub specie unitatis et aeternitatis;* — jusqu'à Pascal, à Newman et à tant d'autres qui, sans méconnaître les divers ordres de vérité et de réalité, ont discerné une philosophie supérieure, une sagesse antérieure et ultérieure aux sens et aux sciences comme à la métaphysique elle-même de l'abstrait; oui, depuis les anciens, à travers les médiévaux et jusqu'aux modernes, toujours plus ou moins « réflexion » et « prospection »[1] ont oscillé autour de ce centre inaccessible et certain comme un pôle magnétique; toujours elles ont reconnu que la connaissance et la réalité sont à viser comme par deux faces, des éléments au complexe et de l'unité concrète et compréhensive à la multiplicité à la fois conditionnante et subordonnée.

Ce qui fait l'originalité et l'intérêt de la tentative de Leibniz, si imparfaite et rudimentaire qu'elle soit, c'est que, au lieu de se borner à constater, à opposer, à juxtaposer, comme tant d'autres l'avaient fait avant ou l'ont fait après lui, ces deux modes de pensée et d'existence, il a, pour sa part, voulu user de la critique idéaliste jusqu'à lui faire avouer finalement la légitimité d'un réalisme invulnérable à ses coups; il a été amené à tirer en quelque sorte l'un de ces modes de l'autre, à les distinguer par voie analytique, sans méconnaître l'autre voie désirable, à les coordonner d'une façon qu'il souhaitait aussi intelligible que possible, à maintenir une solidarité bilatérale dans une hétérogénéité formelle et réelle tout ensemble. L'*Unio,* ou plutôt l'*Uniens quid,* le *Vinculum* est d'une part indépendant de telles ou telles monades ou éléments, mais

1. Pour ces mots, voir le *Vocabulaire* de la Société française de philosophie, et consulter, dans les *Annales de philosophie chrétienne* de janvier et juin 1906, l'article intitulé : « Le point de départ de la recherche philosophique », où j'ai proposé le mot et une ébauche d'une doctrine de la *prospection.*

d'autre part il ne se passe pas de toute condition élémentaire.
C'est ainsi que le corps du Christ au sacrement de l'autel se
substitue au pain et au vin, mais il ne reste pas en l'air, il
n'élimine pas la matérialité qui prolonge et permet de perpé-
tuer à l'infini et d'étendre à l'immensité l'Incarnation elle-
même : *Verbum caro factum*, comme si, brûlant les étapes, la
charité reliait là d'emblée l'*initium creaturae* au *terminus
unionis consummatae :* cas unique et privilégié qui précède,
prépare, anticipe le *Vinculum dilectionis in finem,* et qui sert
ainsi non seulement d'exemple particulier et accidentel, mais
de *Vinculum omnium vinculorum substantialium.* Analogiquement et sur le plus humble plan de la nature, en toute réalité organique, il y a une unité transcendante aux conditions
variables et indispensables, mais subalternes. Et peut-être
faut-il dire que (pour reprendre une expression de Leibniz),
l'emboîtement des organismes de la hiérarchie des êtres, déjà
bien réels en eux-mêmes et à chaque degré d'existence ou de
perfection, ne trouve un plein achèvement et une entière intelligibilité, beauté et bonté, que par participation, subordination
et assimilation à l'*Unum* où se consommera l'harmonie de
l'Univers matériel et spirituel.

*
* *

Qu'on me permette donc ici une parenthèse qui contri-
buera à éclairer notre difficile sujet et à nous mettre en garde
contre les solutions expéditives, tout en nous laissant entrevoir quelques-unes des profondeurs et des hauteurs d'une
telle difficulté.

A quoi donc faut-il attribuer en grande partie le succès de
ce que M. Édouard Le Roy a appelé « la Philosophie nouvelle » ?
A ceci précisément que cette philosophie répondait, dans un
milieu saturé de science et de critique, d'analyses et d'abs-

tractions, à notre besoin de quitter nos semelles de plomb ou de boue, et s'employait à la poursuite de perspectives inverties et vertigineusement séduisantes. Dans l'hommage rendu à Henri Bergson par *les Nouvelles Littéraires* du 15 décembre 1928, je trouve un texte où le témoignage porté sur Ravaisson par Bergson s'applique mieux encore à Bergson lui-même. « Quoi de plus hardi, y est-il dit, quoi de plus nouveau que de venir annoncer aux physiciens que l'inerte s'expliquera par le vivant, aux biologistes que la vie ne se comprendra que par la pensée, aux philosophes que les généralités ne sont pas philosophiques, aux maîtres que le tout doit s'enseigner avant les éléments, aux écoliers qu'il faut commencer par la perfection, à l'homme, plus que jamais livré à l'égoïsme et à la haine, que le mobile naturel de l'homme est la générosité? »

Ce renversement paradoxal qui scandalise la raison raisonnante, fascine peut-être d'autant plus cette « autre raison qui se moque de la raison »; mais pour qu'il puisse satisfaire une sagesse plus haute, ne faut-il pas remplir des conditions plus onéreuses et payer un prix plus élevé que celui qui nous a été demandé et dont se sont acquittés tant d'esprits hâtifs? Leibniz en avait eu le vif sentiment lorsque, au lieu de développer seulement l'aspect esthétique, sentimental ou pratique d'un tel esprit de finesse, de divination et d'amour, il ne se contente nullement d'une intuition. Il prétend au contraire (et c'est là ce qui fait l'originalité et le mérite, la fécondité et la vérité de son hypothèse), justifier par une critique approfondie et complète de la connaissance discursive et des réalités élémentaires la présence certaine, le rôle précis, la nécessité enfin de ce mode supérieur de penser et d'être. Leibniz a toujours tenu à éviter « ce saut dans l'inconnu » dont M. l'abbé Goossens, dans une thèse soutenue à Louvain en juillet 1928, a bien voulu reconnaître que je m'étais soigneusement préservé moi-même en refusant de m'en « remettre au sentiment, au cœur, à la croyance[1] ». Même quand il a discerné l'abîme à franchir, Leibniz n'a jamais désespéré de construire un pont. Mais, évidemment, ce pont ne lui a point paru facile à jeter, alors même qu'il avait exploré les deux bords à réunir et tenté de mesurer la portée de la voûte. Ce qui lui a peut-être le plus manqué, c'est de voir quelle est la nature des seuls matériaux capables de former l'arche reliante, *foederis arca*. Le *Vinculum*, en effet, n'est pas seulement une nature physique, une essence métaphysique, une finalité immanente : il est encore, sans préjudice de tout cela, l'aimant suprême, qui attire et unit par en haut, étage par étage, la hiérarchie totale des êtres distincts et consolidés; il est cela sans quoi ou plutôt Celui « sans qui tout ce qui a été fait redeviendrait comme néant ». Je demande ici à reprendre à mes frais l'exemple de l'Eucharistie non plus comme *une* application, *una e multis*, du *Vinculum*, mais comme l'exemplaire parfait, le véhicule décisif, la réalisation totale et parfaite de l'hypothèse leibnizienne poussée jusqu'au bout des perspectives qu'elle nous ouvre. Que voyons-nous donc, en considérant les choses de ce point de vue dominateur? La Transsubstantiation, en substituant à l'être naturel du pain et du vin le *Vinculum ipsius Christi*, nous apparaît dès lors comme préludant sous les voiles du mystère à l'assimilation finale, à l'incorporation suprême de tout ce qui est au Verbe Incarné : *Verbum caro factum ut caro et omnia assimilentur Deo per Incarnatum*[2]. Par cette

---

1. Cf. la citation donnée plus haut, en note, au bas de la page 101. — Je ne-réussis d'ailleurs pas à comprendre comment, sous prétexte de défendre « l'intelligence », on prétend exclure l'amour de la vie intellectuelle elle-même, comme si l'amour n'était et ne pouvait être qu'affectivité inférieure, mais non réalité d'ordre volontaire, moral, spirituel, amour à la fois contemplatif, effectif et unitif, où le caractère affectif n'est que signe et surcroît, comme le disait Aristote dans sa théorie du plaisir et du bonheur.

2. Je ne puis, en cette rapide suggestion, indiquer les réserves, les distinctions, les précautions qui seraient indispensables en un sujet

première prise de possession vitale, le *Vinculum proprium Christi* prépare jusque dans le domaine subconscient, la configuration spirituelle qui, sans confusion et sans consubstantiation, s'achève dans l'union transformante, terme normal de la vie spirituelle et de la communion sacramentelle. Car, si la nature inférieure comporte d'être transposée en une terre et en un ciel nouveau où le Verbe, α et ω, *primogenitus omnis creaturae,* sera la seule lumière, l'unique aliment, et le « liant » universel, *in quo omnia constant,* pour les êtres spirituels le *Vinculum* n'est pas étreinte transnaturalisante, mais embrassement qui les relie en respectant leur nature[1] ; il est en quelque façon, analogiquement, cet *osculum* de l'Esprit qui consomme l'Unité de la Trinité elle-même.

Ouverte à propos de « la philosophie nouvelle », notre parenthèse doit revenir à elle avant de se fermer. En se plaçant aux antipodes de la discursion conceptuelle pour glorifier l'intuition contre une intellectualité rabaissée au

---

aussi délicat et aussi mystérieux. L'analogie esquissée ici est d'ailleurs en défaut sur un point capital que rétablit la fin de cet alinéa. La réalité du pain et du vin fait place, physiquement, ontologiquement, au Christ; la personne morale de l'homme, même dans l'Union la plus parfaite, n'est pas supprimée et absorbée. Dans la Conclusion de *l'Esprit chrétien,* je propose une doctrine de l'Assimilation. *Omnia intendunt assimilari Deo,* dit saint Thomas (S. c. G. III). Cette assimilation comporte des degrés et des significations qu'il importe de préciser.

1. Qu'on ne se méprenne pas sur ces « analogies », comme s'il s'agissait d'une extension matérielle ou littérale de l'Incarnation et comme si le *Vinculum* était déjà un commencement de Transsubstantiation réelle. Non, mais il s'agit de discerner dans l'ordre naturel même et à tous ses étages, les virtualités spécifiques, la sorte particulière de puissance obédientielle qui sert de matière à informer, de potentialité à actualiser. L'*uniens quid* dont parle Leibniz subsiste normalement, comme le point d'appui partout préparé à la réalisation de l'*Unum* où se consommera le plan divin. Retenons que tout l'inférieur, tout l'élémentaire, tous les degrés ont bien une subsistance naturelle et une solidité certaine; et c'est même pour cela que, ne pouvant être anéantis, ils servent de pierre d'attente pour le couronnement (*superadditum quid*).

service de la pratique et aux sciences de la matière (nous dirons bientôt ce qu'elle fait du *spirituel* lui-même), elle a pris aussi une position symétriquement inverse de celle de Leibniz, et elle s'est ainsi exposée, semble-t-il, à un double inconvénient que voici.

D'une part, opposer systématiquement intuition et discours en une dichotomie irrémédiable et répercutée dans tous les départements de la philosophie et de la vie, n'est-ce pas abonder dans le défaut contraire à celui que nous avions reproché à Leibniz? Ce dernier avait d'abord et surtout regardé par le petit bout de la lunette, et il n'avait vu partout que l'infiniment petit des éléments, au point de ne pouvoir, malgré son sentiment profond de la vie, instituer finalement une philosophie de l'unité vivante que par le coup de recolage du *Vinculum*. C'est ainsi qu'on a pu dire, non sans apparence de raison, qu'il s'est complu en une « Métaphysique d'Horloger », reposant sur l'harmonie préétablie entre une multitude d'ingrédients comparables à des grains de poussière. Bergson, lui, en revanche insiste sur l'effet de masse de l'élan vital, sur la main qui, d'un seul coup, creuse son moule dans la limaille, sur la vertu du *totum simul* qui d'ailleurs se trouve chez lui provisoirement limité à un ordre tout immanent à la durée. Mais, à ces coups de génie de la nature, de l'art ou de la spéculation, n'y a-t-il pas, ailleurs que dans la spontanéité, une préparation méthodique? Est-ce que la science et l'ascèse, chacune en leur ordre, ne sont pas des chemins indispensables de vérité, de liberté, de réalité? Est-ce que la pensée notionnelle et la matérialité même ne sont pas à intégrer dans l'unité totale où tout en effet doit prendre place, sens, efficacité, et où à vrai dire rien, absolument rien, ne peut être considéré comme étant en vain, οὐδὲν μάτην.

D'autre part, Bergson et Leibniz, l'un et l'autre diversement, mais également peut-être, ont tendu à définir leur

« intuition de l'unité » d'un point de vue étranger en somme
à tout contenu... cherchons ici les épithètes à employer dans
leur sens exact et plein : le Dieu qui produit par fulguration
les possibles et les essences, qui trie et combine les compossibles mathématiquement, qui les réalise par une nécessité
morale dont la vraie figure est une prédestination automatique ;
l'élan vital, fût-il un jour déclaré divin, qui identifie la liberté
à la spontanéité, l'énergie spirituelle qui, fût-elle glorifiée
comme un triomphe de l'immatériel ou un miracle de la foi,
n'est en dernière analyse qu'une force de la nature, tout cela
vraiment ne demeure-t-il pas étranger à un contenu (nous
pouvons maintenant sans crainte d'équivoque et de démenti
reprendre les qualificatifs en leur sens traditionnel) proprement
moral, et, si l'on peut dire cordial, « charitique », intrinsèquement spirituel. Ce qu'on nous fait entrevoir dans la *Monadologie* ou dans l'*Évolution créatrice* est mathématique, esthétique, logique, métaphysique, empirique, tout ce qu'on
voudra ; mais, quelque beau, quelque stimulant, quelque
architectonique que cela paraisse et que cela soit, l'édifice qui
repose sur cette assise, même éclairé des plus merveilleux
feux d'artifice, n'a pas la lumière et la chaleur du vrai soleil.
Certes, on y entend la T. S. F. ; toutes les vibrations de
l'ordre immanent des choses phénoménales s'y entrecroisent
et s'y répercutent en de nouveaux foyers virtuels ; mais c'est
l'aménagement d'une force une fois donnée, la « fulguration » d'un Dieu de puissance, le triomphe d'un Architecte
ou d'une Spontanéité, le résultat d'une *vis à tergo*, l'évolution créatrice d'imprévisibles rencontres : ce n'est pas la
Vocation d'en haut, l'attrait de la Bonté, la coopération
enrichissante à l'infini, la finalité seule vraiment intelligible
de l'Amour se communiquant pour associer des êtres nouveaux à une vie toujours plus abondante et béatifiante, l'effu-
sion de l'Esprit qui engendre une vie qu'on peut, sans méta-

phore ni trope d'aucune sorte, nommer nouvelle et divine.
Sinon même là où l'on s'insurge contre les procédés de la
pensée abstraite, on reste encore dans l'abstraction, dans le
domaine des images et des représentations, dans le mimétisme
du concret, de la vie et de la spiritualité, dans le jeu des concepts, le concept de l'anti-conceptualisme y fût-il chef d'équipe !
Est-ce être trop sévère et injuste ? Peut-être, à maints égards.
Et pourtant, en cette critique qui pourra paraître dure ou
incompréhensive, nous avons secrètement consenti une
immense, une excessive concession : constamment nous avons
admis les descriptions captivantes qu'on nous offrait, comme
si ces croquis, devis et lavis d'architecte équivalaient aux
édifices représentés, mais qu'ils n'étaient qu'aux yeux de
l'imagination, et comme si parce qu'ils se tiennent sur le
dessin, ils étaient par là même réalisables et consistants : ce
qui n'est pas. Un réalisme concret en accord avec une pensée
consciente de ses légitimes exigences, suppose d'autres
matériaux et vaut un autre prix. Comprendre à fond le sens
de cette dernière critique, trouver le moyen d'y échapper,
nul effort n'est plus difficile, mais aussi plus nécessaire et
plus récompensant.

*
* *

Et maintenant fermons notre parenthèse, à l'abri de laquelle
nous avons osé faire apparaître dans les longues perspectives
d'une nef obscure la lampe du sanctuaire, symbole du foyer
de lumière et de vie, du lien des âmes et de toute réalité : il
faut d'autres voies que celles que nous venons d'examiner,
pour y conduire vraiment les esprits. Et revenons à la place
publique, sans pénétrer dans aucun domaine réservé, en pre-
nant les exemples les plus accessibles à tous, simples ou
doctes, incroyants ou croyants, afin de faire reconnaître et

admettre la présence réelle et efficace des *Vincula* au double
point de vue de la connaissance et de la réalité harmonisées
en eux. Faute de pouvoir parcourir méthodiquement la hiérarchie de ces liens (ce qui réclamerait toute une grande étude
pour laquelle Leibniz ne fournit rien), qu'il nous suffise de
présenter quelques échantillons : on va voir qu'ils n'ont rien
de chimérique ni d'abstrus.

C'est à force de rester dans les explications métaphysiques
sous leurs formes les plus générales et sans recourir à aucun
exemple précis, que Leibniz nous laisse l'impression d'une
théorie très obscure, vraiment éloignée de la vie et destituée
de toute vérification. Mais c'est là une méprise. Le *Vinculum*
paraît très « métaphysique et ardu »; mais il est aussi d'abord
l'expression du sens commun le plus naturel et le plus foncier, celui auquel se référait Pascal lorsqu'il parlait de tout
ce que, même en géométrie comme dans l'art, dans la morale, dans la politique ou dans la vie spirituelle elle-même,
« le cœur »[1] nous révèle d'une façon globale et « invincible
à tout le Pyrrhonisme ». Et si c'est par cet « esprit de finesse »
(qui est en même temps un esprit d'ampleur et de force,
d'agilité et de totalité), que nous percevons même les dimen-
sions de l'espace et les éléments indispensables de l'esprit
de géométrie lui-même, Pascal ne fait-il pas d'avance écho à
Leibniz? Celui-ci, si agile lui-même dans le passage d'une
perspective à une perspective symétrique ou inverse, si atten-
tif à noter qu'il y a du moral jusque dans la géométrie et du
géométrique jusque dans la morale, Leibniz avait observé
que, au point de vue *empirique,* pour l'étendue ou la durée
par exemple, *realia sunt ante totum,* tandis que, pour l'espace

1. Il va sans dire que cette expression est prise comme Pascal le
fait dans toute la force de son emploi rationnel, sans qu'il faille y voir
une concession à un subjectivisme purement affectif; car il s'agit d'une
forme de pensée commune à tous les esprits et plus objective que l'esprit de géométrie lui-même.

ou le temps *abstraits,* c'est-à-dire *in idealibus,* le tout est premier donné, *totum est prius partibus* [1]. Mais, par un tour de pensée de plus, ne renversa-t-il pas encore une fois son point de vue en remarquant que, au delà de la synthèse abstraite et construite *a priori* par l'activité idéale de l'esprit, il y a un *Unum reale et concretum quod est superius et prius tam idealibus quam sensibilibus?* Et, par ce tour de pensée de plus, il réconciliait le sens populaire avec les vrais habiles. Car les « simples », sans discerner explicitement les données obvies des sens et les évidences profondes de l'intelligence, jugent bien des choses.

Mais puisque sans doute on souhaite des exemples facilement saisissables et des preuves du *posse* par l'*esse,* venons-en aux *faits* [2] et prenons, dans les domaines les plus divers, quelques tests aisément significatifs.

Au reste est-il besoin de nous attarder à de simples faits,

---

1. « In actualibus simplicia sunt anteriora aggregatis, in idealibus totum est prius parte. » (II, 379.)

2. Si c'en était le lieu, on pourrait montrer que ce n'est pas seulement pour la spéculation philosophique que cette hypothèse du *Vinculum* (ou quelque autre analogue), est salutaire. L'éliminer, pour nous en tenir aux seuls éléments analytiquement connaissables et isolables, ce serait en somme nous condamner à ne voir dans le monde rien qu'un mécanisme (et encore c'est trop concéder, puisque le mouvement même implique une synthèse transcendante aux points successifs ou juxtaposés). Mais si, au delà de ce que la physique peut nous décrire de l'univers, nous admettons que la beauté des couleurs ou des sons, que les données de la conscience ou les chefs-d'œuvre de la vie sociale ont un sens et une réalité, alors nous devons rattacher toute cette science, toute cette vie à un *Superadditum quid,* radicalement irréductible : en d'autres termes, il y a, chemin faisant dans la hiérarchie des choses dont nous vivons, des unités neuves, significatives et supérieurement réelles, qui sont fondées sur de prodigieuses multiplicités ; et il faut que ces unités aient une consistance propre comme un tremplin où l'on reprend élan vers un but qui est, non dans la poussière, mais dans une fin intelligible et solidifiante, *sursum.* Et tout *vinculum* est donc à voir *desursum,* puisqu'il est en effet *supra* et *novum quid,* alors même qu'à considérer d'en bas la hiérarchie des choses, ces *vincula* servent à consolider chaque assise.

comme ceux-ci que nous prenons au hasard, afin de faire réfléchir le lecteur à l'omni-présence de la forme de pensée et d'initiative qu'il s'agit de l'amener à constater : ainsi l'impression originalement simple d'une couleur qui implique des trillions de vibrations ; — ainsi la compréhension laborieusement préparée sans doute, mais soudaine, claire, unique, dominatrice du musicien inspiré, tel Mozart déclarant entendre, en une seule intuition musicale, toute une symphonie ; — ainsi la méthode supérieure du peintre qui note une ligne, un trait de lumière comme un centre de vivante cristallisation ; — ainsi l'enseignement fécond du vrai maître de dessin qui évitant la décomposition des modèles en tracés géométriques et fictifs, conduit l'esprit et la main de ses élèves, des masses lumineuses et de l'ensemble harmonieusement expressifs au rendu du détail ; — ainsi, dans les grandes émotions et les grandes décisions qui engagent tout notre être, le vif et clair sentiment d'une sorte de communion anticipatrice de l'instant et de l'éternité se rejoignant au-dessus des apparentes divisions de la durée ; — ainsi, aux heures tragiques de lá vie des peuples ou de la vie de l'humanité, l'évidence impérieuse d'aspirations, d'obligations, d'unions invinciblement supérieures au morcellement des individus et des nations [1].

Mais des exemples isolés ou des *faits* fragmentaires et transitoires qu'il serait facile d'énumérer (et ils sont si nombreux, si proches, si intérieurs même à notre expérience commune qu'on ne songe pas à les voir, comme l'œil s'ignore lui-même), il serait plus instructif de passer à la considération des états durables qui, du bas au haut de la vie humaine, forment, selon la remarque de Newman, cet « essentiel inaperçu » et pourtant décisif et permanent que la tâche du philosophe est de découvrir.

1. Cf. *Patrie et Humanité*. Compte rendu de la Semaine Sociale de Paris, 1929, p. 363-405.

En ce qui touche l'expérience de ces « simples », que Pascal
ne qualifie de la sorte que pour les rapprocher des plus
« habiles », n'est-il pas vrai que, selon le mot de Bossuet, ce
n'est pas la réflexion critique, toujours courte par quelque
endroit, mais le regard du sens commun, qui est « le grand
maître de la vie humaine » ? Dans nos options les plus graves,
nous ne nous fions pas au détail des arguments : car il faut
que « le jugement porte sur le tout ». Selon une autre remarque
profonde de Newman, nos convictions, nos résolutions, nos
actions, si méditées qu'elles soient, ne résultent pas d'une
addition de probabilités : elles surgissent d'une unité supérieure à tous les arguments comparés et pesés, même quand
nous nous faisons illusion sur les motifs véritables de nos
démarches. C'est pourquoi l'intention morale ou l'acte de foi
ont une valeur supérieure aux justifications intellectuelles qui
les préparent, les appuient, les éclairent, les stimulent, mais
ne les constituent pas, en sorte que ce serait spéculativement
compromettre la solidité de nos convictions les plus sûres et
les plus essentielles que de les faire porter — à faux — sur
des démonstrations purement analytiques. Ainsi encore en
est-il de la vocation. L'appel qu'entend une âme et qui la fixe
dans une voie encore imparfaitement connue d'elle, lui permettant de s'y engager légitimement, même par vœu, avec
une générosité héroïquement obscure et lucide à la fois, cet
appel manifeste bien cette supériorité, cette antécédence
même d'une pensée concrète, d'une solution finale et globale
à laquelle ne saurait valablement s'opposer et suffire aucune
des partialités et des perplexités de la délibération. — Même
dans les sciences les plus positives, les inventions et les applications ne dérivent jamais d'une simple mise en œuvre de la
réflexion critique. Il y a, fût-ce dans les sciences exactes et
les recherches les plus déductives, une part d'initiative, d'anticipation, de divination sans laquelle non seulement le progrès

de la connaissance serait impossible, mais encore l'extension
de la théorie abstraite à ses propres justifications et à ses
conséquences pratiques ne saurait ni s'expliquer ni s'appliquer. On l'a vu pour l'invention du calcul infinitésimal comme
aussi pour l'application des mathématiques à la physique ou
encore pour l'extension des doctrines de relativité qui s'affran-
chissent des apparences notionnelles et impliquent un renversement des perspectives simplement analytiques, en tentant
d'aboutir à une unification de notre science positive de l'univers. Tout récemment encore la mécanique ondulatoire nous
apporte une belle illustration de cette même vérité : elle est
moins une nouveauté paradoxale que le prolongement d'un
mouvement continu de l'esprit pour rejoindre le réel au delà
des oppositions abstraites de l'entendement. Davantage, dans
la biologie, on peut dire (et mieux encore qu'à l'époque de
Geoffroy Saint-Hilaire et de Pasteur) que la vie, au regard
de l'entendement logique, est une sorte de cercle vicieux.
Car l'unité du tout semble précéder la genèse des parties
et des organes qui paraissent cependant la cause efficiente et
la condition préalable du vivant lui-même. Il est manifeste,
comme l'a observé Claude Bernard, que l'être organisé est une
« création d'après une idée directrice » et qu'il constitue un lien
substantiel ne dérivant pas des membres. Il est bel et bien,
cet être organisé, comme l'auteur de ses propres éléments.

La médecine elle-même apporte ici son témoignage concor-
dant. Trop exclusives sont apparues de plus en plus les théories qui feraient de la maladie une entité importée du dehors
et compartimentée en des genres distincts ou en des organes
isolés. A l'encontre de ces théories, il faut reconnaître que
l'équilibre total et singulier de chaque organisme vivant, du
milieu intérieur qu'il se façonne et des fonctions colloïdales
où se développe l'activité une et idiosyncrasique de sa vie,
exprime en effet une réalité indivisée et originale. Or, de

cette réalité synthétique, l'idée de la « substance composée » ou du « lien réel » (plus réel même que les ingrédients qui y entrent et qui en sortent dans le tourbillon vital) nous donne une suggestive représentation et plus même qu'une simple analogie.

Dans tous les étages de la Psychologie devenue de plus en plus concrète, qu'il s'agisse des tropismes, de l'étude du langage, de la genèse de la réflexion, de la psychologie collective, ce qui apparaît de mieux en mieux, ce qui renouvelle et vivifie les recherches, c'est le sens de l'interdépendance des faits, de la finalité organique, d'une unité transcendante en même temps qu'immanente à tout le détail des parties et des fonctions, une sorte de synergie qui fait par exemple que nous parlons et faisons attention avec tout notre être même matériel, et que la moindre perception comme le moindre mot implique un acte aussi supérieur aux éléments analysés que l'éternité l'est à la durée morcelée. Quoi de plus merveilleusement expressif de cette vérité, en apparence élémentaire et menue, en réalité immense, que les décisives analyses d'une élégance platonicienne que nous offrent les « Dialogues Philosophiques » publiés naguère par les *Études* [1] ?

Dans les sciences sociales et juridiques, n'est-on pas revenu des abus de l'individualisme et ne sent-on pas de plus en plus le vice des constructions qui prennent comme matériaux des atomes humains, des nations isolément considérées, des institutions codifiées en formules figées ; et ne considère-t-on pas que le procédé conforme à la nature de ces réalités collectives exige que nous prenions comme centre de perspective l'unité vivante de l'humanité, des diverses patries, des institutions mouvantes, d'une tradition qui porte constamment en

1. Voir les *Études* du 5 et 20 janvier 1926 : « Baghéra, ou l'Ame des Bêtes » ; « Balthazar ou la Spiritualité de l'âme », par le P. *Auguste Valensin.*

elle la continuité d'un effort toujours capable d'adaptations nouvelles et dominant les fluctuations du nombre et du temps comme du haut de l'unité concrète et de l'éternité elle-même indivisiblement présente à toutes les phases du changement[1].

De même encore, dans l'ordre métaphysique, la pensée spéculative ne procède pas principalement par analyse et acquisitions successives. Tout effort philosophique ne fait que traduire une idée et une intention primitives et permanentes qui sembleraient pouvoir tenir en un mot et que des livres accumulés n'épuisent pas. Sans doute cette vue synthétique a besoin de se critiquer, de se discipliner, de se confirmer par un labeur prolongé et multiple; mais cependant l'idée directrice demeure supérieure à tout le détail des analyses et des vérifications. Il est bien vrai que Descartes a indiqué que les déductions, elles aussi, peuvent aboutir à une vue simple et directe de l'esprit qui n'a plus besoin de passer par des intermédiaires pour apercevoir tout d'une vue et dans une simple inspection les vérités laborieusement obtenues[2]; mais cette connaissance synthétique reste tributaire du discours d'où elle est issue; elle ne doit nullement être confondue avec la connaissance unitive qui ne se laisse pas ainsi préparer et morceler, parce que son essence même est de n'être à aucun moment divisible et déduite. Toutes les grandes doctrines philosophiques, sous des formes diverses et inégales, mais en somme convergentes, sinon équivalentes, ont reconnu, affirmé, utilisé cette sorte de pensée concrète et cette concep-

---

1. Voir sur ce sujet, entre autres tentatives nombreuses, les suggestives réflexions de Gaston Morin, professeur à l'Université de Montpellier, publiées dans le *Bulletin de la Société d'Études Philosophiques* et dans la *Revue de Métaphysique et de Morale* (1930).

2. Cf. *Discours de la Méthode*, deuxième partie, 4ᵉ règle : « Le dernier (précepte était) de faire partout des dénombrements si entiers et des revues si générales que je fusse assuré de ne rien omettre. » — Voir surtout les « Regulae ad directionem ingenii », et notamment la Règle XI.

tion d'une réalité inaccessible aux dissections de l'entendement abstrait qui peut engendrer la domination tyrannique des « primaires », mais dont les « simples » et les vrais « habiles » ne consentiront jamais à être les victimes.

Plus encore, en ce qui touche la foi morale et surtout la conscience religieuse, ce qui est l'essentiel, le décisif, ce ne sont pas les arguments successifs, si indispensables et efficaces qu'ils soient : c'est une disposition totale de l'être entier, esprit, cœur et volonté. C'est pourquoi, dans la conversion et dans l'adhésion de l'âme aux croyances vitales, la pensée discursive reste toujours courte, comme au seuil d'un sanctuaire où s'opère, non dans les ténèbres certes, mais dans une clarté trop intime pour être projetée en preuves et en paroles, l'acte de foi qui unit tout l'être humain à toute la vérité où il cherche le moyen de son salut avec le secret de sa destinée. Aussi, comme le remarquait et le demandait le cardinal Dechamps dans son œuvre apologétique, la vraie démarche, celle qu'il nommait la *Méthode de la Providence,* ce n'est pas celle qui accumule les syllogismes, les recherches d'érudition, l'agencement progressif des faits et des preuves rationnelles ou scripturaires : mais c'est celle qui, procédant du tout aux parties et de la vérité concrète et complète à ses justifications partielles institue, selon son expression et selon le titre de son principal ouvrage, « une démonstration catholique de la vérité chrétienne ». Au lieu d'opérer ainsi, « l'apologétique des classes et des manuels[1] » étage trop souvent ses arguments dans un sens inverse et rarement opérant, comme s'il fallait effectivement passer par ces étapes successives : prouver le déisme, prouver la religion naturelle, prouver le christianisme, prouver enfin le catholicisme. Cela, c'est l'ordre appa-

---

1. Expressions du cardinal Dechamps lui-même, maintes fois reprises et profondément justifiées par lui. Voir à ce sujet les articles pénétrants de M. le chanoine F. Mallet.

rent de la raison ratiocinante : mais ce n'est pas l'ordre de l'intelligence vivante, ni la voie habituelle de la certitude et de la grâce.

Ce qui est vrai de la vie spirituelle des intelligences l'est largement et profondément encore de la Tradition qui fait participer la multitude des âmes dans le temps et dans l'espace à une vérité toujours identique à elle-même, toujours actuelle, ancienne et nouvelle, sans brisures ni déclin, ni épuisement possible. Elle domine donc l'avenir et le passé dont elle fait le lien dans une unité où l'esprit trouve la lumière et les ali-ments dont il a besoin au jour le jour, sans appauvrir ce tré-sor infini par aucune analyse monnayante[1].

A plus forte raison en est-il ainsi dans les formes les plus hautes de la vie de l'esprit, au delà des voies purgative et illuminative ; assurément l'homme n'y accède pas de lui-même, et la philosophie ne saurait ni conduire ni pénétrer au sanc-tuaire de la contemplation infuse et de l'Union transformante. Mais cette plénitude de vie proprement surnaturelle n'est pas une création *ex nihilo,* elle met en œuvre et perfectionne des facultés préexistantes et des virtualités congénitales. Il y a des ébauches et des approximations d'unité spirituelle qui trouvent leur support dans les préparations de la vie raison-nable ; de même que la contemplation surnaturelle est l'épa-nouissement des germes semés et infus en l'âme par le don même de la grâce[2].

---

1. Sur le caractère original et transcendant de la véritable. *Tradition,* voir *Histoire et Dogme,* notamment p. 47 et suiv. — « Un nouvel entretien de M. l'abbé Mallet avec M. Blondel ». *Revue du Clergé Français,* 15 avril et 1er mai 1904. On consultera avec beaucoup de fruit la savante thèse de M. l'abbé René Wehrlé, sur la *Coutume dans le droit Canon.* Il y est bien montré en quoi la coutume juridique, du simple point de vue humain et historique n'épuise pas la véritable notion de la « *Tra-dition* ». La Tradition, au sens fort du mot, est d'un autre plan, d'un autre ordre que la coutume ou que « les traditions ».

2. La belle et fructueuse renaissance des études de Mystique a mis en

*
* *

Ces quelques exemples, qu'il serait aisé de multiplier[1], sinon de relier les uns aux autres, quoiqu'ils procèdent d'un même esprit et pour ainsi dire d'un « état » synthétique de la pensée, suffisent du moins à nous montrer que l'hypothèse leibnizienne du *Vinculum,* où l'unité domine les éléments dont elle paraît composée, n'est pas une invention absurde, « un expédient à peine digne d'un sophiste », comme le disait Albert Lemoine. Il y a là au contraire une vue très belle et très féconde quoique très difficile à préciser et à justifier. Or, malgré mille tentatives éparses dans l'histoire de la philosophie, jamais l'on n'a eu tout le courage, toute la persévérance nécessaires pour tirer au clair cet aspect où la pensée et la réalité s'unissent pour former ce lien substantiel capable de satisfaire aux exigences communes de l'idéalisme le plus critique et du réalisme le plus profond. Sans s'y être engagé personnellement à fond, Leibniz a du moins ouvert une voie qu'il importe de ne pas laisser se refermer, et on peut regretter que, après lui, à partir de la réflexion discursive elle-même, nul ne l'ait explorée à nouveau et plus avant.

une lumière toujours accrue des vérités parfois voilées, mais que la continuité de l'enseignement et de la pratique des Maîtres et Témoins de la plus haute vie spirituelle, n'a jamais laissé prescrire. Ces leçons de l'expérience sainte, ces résultats de l'histoire des doctrines mystiques, M. l'abbé Joannès Wehrlé les a concentrés avec une force et une clarté supérieures dans sa belle étude : « La Vie Contemplative, couronnement de la vie chrétienne » (sermon prononcé au Carmel d'Alençon et publié en brochure).

1. Il y aurait à reprendre de ce point de vue la plupart des thèses de la philosophie scolaire, telle la théorie de la mémoire, éclairée par la doctrine augustinienne (*Memoria est ipse animus*) de la Réminiscence et de l'Éternité, telle la théorie de la Raison, de l'Intelligence et de la Sagesse dont les doctrines patristiques et scolastiques scrutent des profondeurs ou des hauteurs, trop souvent oubliées.

On m'objectera peut-être que, derrière les broussailles accumulées sur cette route, j'ai eu tort d'espérer un plus libre passage, et l'on m'accusera sans doute de forcer et même de fausser la pensée de l'auteur de la *Monadologie* en y ajoutant maints commentaires qui lui sont étrangers ou qui lui auraient été antipathiques. Mais ne dénature-t-on pas davantage encore cette pensée quand on méconnaît le problème qu'elle a réellement entrevu et sérieusement posé? Et la méconnaissance habituelle et systématique des historiens en présence de ce problème ne prouve-t-elle pas qu'ils ont insuffisamment compris et la Monadologie elle-même et le champ ultérieur de recherches dont Leibniz avouait avoir fait la découverte?

Dès lors, et même du point de vue strictement historique, n'est-il pas légitime et utile d'explorer les avenues où avait plongé le regard de Leibniz? C'est là un de ces « secrets » qu'il aimait à étudier par devers lui ou avec quelque sûr confident. Admettons que le *Vinculum* ne soit, comme on l'a dit, qu'un « simple expédient », il est du moins pour lui un expédient loyal qui ne clôt pas la recherche et qui sert à provoquer de nouvelles investigations.

C'est pourquoi l'intérêt historique de notre enquête reste secondaire. Ce qui est principal, ce qui a été le véritable motif de cette étude, c'est l'intérêt dogmatique qu'elle présente. A Victor Brochard qui avait accordé que, en doutant de la sincérité et du sérieux de Leibniz à l'égard de Des Bosses, on avait commis une méprise certaine, mais qui, néanmoins, soutenait que finalement Leibniz avait refusé son adhésion à une hypothèse aussi fictive qu'ingénieuse, il ne suffirait plus de répondre qu'il ne s'agit pas d'une simple fiction. Il faudrait ajouter que les développements récents des études historiques et des initiatives contemporaines ont mis davantage en lumière le caractère vital, indispensable de la solution, sinon de la question à laquelle le *Vinculum* sert d'étiquette.

Assurément la difficulté reste grande d'énoncer avec précision les données mêmes du problème qu'on ne saurait résoudre sans l'avoir d'abord posé en toutes ses parties. Qu'est-ce en effet qui fait question et quels sont les faux chemins où il faut éviter de s'engager?

Il faut d'abord comprendre qu'il est impossible d'attribuer une réalité substantielle, une valeur ontologique, soit aux données sensibles sous la forme où le matérialisme prétendrait les considérer comme suffisantes, soit aux seuls concepts sous la forme où l'entendement les dégage, par la science positive ou par la métaphysique abstraite, de nos connaissances empiriques ou spéculatives, soit à la conscience immédiate et à l'enregistrement réfléchi d'un fait qu'on prétendait atteindre comme primitif et solide. Tout cela, dont nous ne pouvons d'ailleurs nous passer pour développer à la fois notre pensée subjective et nos assertions objectives, est cependant *irréalisable,* c'est-à-dire que nous ne saurions projeter ces différentes représentations de notre connaissance dans le domaine d'une réalité indépendante de l'esprit. Alors cette tentation où succombe la pensée contemporaine atteinte presque partout d'immanentisme et d'idéalisme subjectif (en dépit de Gentile ou de Heidegger et de tous ceux qui bravent une impossibilité radicale pour se suspendre à une doctrine de relativité généralisée) ne conduit-elle pas ceux qui en sont victimes à une thèse qui n'est elle-même pensable et qui ne peut déployer son activité critique et destructive qu'en impliquant des présupposés qui la condamnent et la contredisent à fond. Car, disons-le nettement, on ne saurait professer un tel immanentisme sans se référer implicitement à un terme transcendant, à un étalon sous-entendu, mais toujours présent, à une unité méconnue qui empêche tout l'édifice de l'expérience, de la science positive, de la spéculation idéaliste de s'effondrer et d'être réduit à un néant de conscience, de connaissance et d'être concevable. Il est trop commode de spéculer sur des pensées ou des données en supprimant, en niant les conditions mêmes qui les rendent pensables ou possibles. Bon gré, mal gré, il faut qu'il y ait un *Vinculum*, c'est-à-dire un lien réel qui empêche la conscience de s'émietter en poussière, qui empêche aussi la pensée et la réalité de se séparer, de s'entre-détruire. C'est grâce au *Vinculum* que, soit au point de vue de la connaissance, soit au point de vue de l'être, la dissociation ne réussit jamais à s'opérer, parce que, comme le disait Parménide, la pensée est de l'être et l'être est déjà de la pensée virtuelle.

J'avais promis de faire voir aux « contempteurs » mêmes du *Vinculum* qu'ils l'admettent et qu'ils en profitent sans le savoir : peut-être me reprochent-ils de ne pas tenir ma parole; aussi est-il temps, avant de conclure de parler clair et net. Eh oui, comme M. Jourdain faisait de la prose à son insu, tous, constamment, nous pensons et agissons en métaphysiciens de la finalité. Tous nous nous appuyons, à chaque étage de nos sensations, conceptions, productions, sur des *unités* qui résultent de prodigieuses multiplicités et qui sont l'objet de nos pensées, de nos arts, de nos actes. Si ces unités composées que nous percevons et utilisons comme des simples n'étaient pas en quelque sorte justifiées par en haut et consolidées par leur signification supérieure, tout ce qui est fondé sur ces complexes s'abîmerait dans un écroulement sans fin. Que parlions-nous seulement d'un « trou par en haut »? S'il existait, ce serait aussi le trou par en bas, l'abîme qui engloutirait tout. Dans la science positive, comme dans la métaphysique, l'atome, la monade n'arrêtent pas la dissociation, et il n'y aurait point de limite assignable à la pulvérisation. C'est à propos des corps, puis des corps organisés que Leibniz avait d'abord aperçu « l'exigence » d'une « composition unitaire et réelle »; mais peu à peu et de proche en proche, il est remonté d'étage en étage, et le *Vinculum* qui paraissait au début servir à « subtantialiser » l'ordre matériel est devenu de plus en plus l'armature spirituelle de l'ordre total, jusqu'à s'appliquer par excellence à ce *panis vivus et vitalis, Vinculum vinculorum*, « panis supersubstantialis » (Matth., vi, 11), principe et terme faute desquels il n'y a rien de solide, de tenu. Assurément, il y a longtemps que l'on a exposé, même sous les formes paradoxales que nous rappelions à propos d'Aristote, de Ravaisson, de Lachelier ou de Bergson, les thèses de la finalité qui semblent un défi à la chronologie et à la logique rudimentaire ; mais autre chose est de les énoncer comme une vue, comme une interprétation, comme un rêve de l'esprit, autre chose est de les réaliser *in concreto*, de comprendre que la causalité efficiente elle-même serait inintelligible et irréelle sans cette finalité même, et d'aller jusqu'au bout des « exigences » et des applications. Le *Vinculum* est un pas en ce sens, rien qu'un pas, mais sur un terrain ferme et dont il faut prendre possession.

C'est à déterminer plus explicitement ces rapports indélébiles que la philosophie doit, semble-t-il, s'attacher afin de permettre à la réflexion savante de rester d'accord avec la spontanéité de l'intelligence et la responsabilité de la volonté en acte. En apparence, nous sommes maîtres d'organiser nos pensées sans que nous ayons à répondre de nos illusions et de nos erreurs, même lorsque leurs conséquences peuvent devenir funestes. Mais ce n'est là en effet qu'une apparence. Car ces fautes intellectuelles procèdent souvent de déviations morales et d'insuffisances volontaires. On a qualifié « *d'essentiel inaperçu* » ce par quoi l'on pense, l'on vit et l'on agit, ce sur quoi l'on sera jugé. Tout inaperçu qu'il est, cet essentiel est toujours présent, adhérant, opérant au plus intime, au plus inaliénable de l'être que nous sommes ; et la connaissance « indistincte » que nous en avons, si enveloppée qu'elle demeure d'ordinaire, n'en est pas moins une connaissance, — connaissance « claire » pour la prospection qui sert à orienter nos intentions finales, connaissance « éclairable » même pour la réflexion qui sert à préciser, à justifier, à confirmer et à parfaire ce drame spirituel, en face de « l'Unique nécessaire » où se trouve l'unique solution. C'est pourquoi il importe de ne pas laisser le problème que nous avons en vue se cantonner artificiellement et contre-nature dans l'ordre dialectique des idées, où il est bien vrai qu'il se pose aussi mais sans s'y enclore. Et, si Leibniz lui-même a finalement échoué à tirer de son intuition du *Vinculum* tout le parti qu'elle comportait, c'est qu'il n'a pas mis ce sens vraiment moral et pleinement spirituel dans son « architecture ». Malgré les mots traditionnels qu'il emploie et l'effort qu'il tente pour en retrouver ou en vivifier l'esprit, il a gardé plus de paille que de grain, il eût pu dire aussi de ses explications d'ingénieur-métaphysicien : *Omnia ista videntur mihi paleae;* il a traité les choses de l'âme, de la vie, de l'agir avec des symboles abstraits qui sont une contrefaçon des réalités singulières et universelles à la fois; il a fabriqué une philosophie des enveloppes sans contenu, et, en dépit de ses déclarations et intentions contraires, il est resté dans le domaine des essences et des substances entitatives qui ne sont, par elles-mêmes, que des choses sans intimité et sans valeur. C'est ainsi que, tels qu'il les a présentés, son *Vinculum substantiale* et son *Unio metaphysica* ne pourront jamais aboutir à être ce qu'il faudrait qu'ils fussent, un *vinculum dilectionis* et une *unio voluntatum.* — *Unum corpus multi spiritus esse debemus :* ces paroles, dont pourtant il a formulé l'équivalent verbal sont demeurées, par l'effet de ses habitudes d'esprit et de ses déficiences spirituelles, des formules comme celles que manient les algébristes; elles n'ont pu, pour lui, contenir une vive réalité!

CONCLUSION

Rapportée à ses origines historiques, introduite à sa place dans le mouvement général d'une pensée très systématique, mais très souple et toujours en croissance, considérée comme l'un des couronnements possibles sinon comme le couronnement « exigé » de la philosophie de Leibniz, la théorie du *Vinculum Substantiale* suppose, telle qu'elle nous est apparue en dernière analyse, deux éléments très distincts, mais solidaires et également nécessaires : d'une part une exigence critique à satisfaire, d'autre part un dessein réaliste à conduire jusqu'au bout; et ces deux éléments, ces deux tendances ne peuvent se rejoindre intelligiblement, s'unir effectivement que par un *tertium quid,* par un *superadditum,* par un *substantiale novum.*

Mais autant Leibniz nous a paru faire preuve d'un discernement très méritoire en découvrant le problème à poser et en signalant de loin le but à atteindre (*optandum*), autant l'énoncé de cette question demeure imparfait, autant surtout la méthode de discussion demeure imprécise et fuyante, autant la solution qu'il ébauche reste hésitante et déficiente, (*non adoptandum*). En somme son effort qu'il faut dire légitime, sincère et utile, a toutes les apparences d'un échec.

Mais cet échec même doit être instructif et stimulant pour nous; il nous apporte des leçons et des suggestions qu'il est bon de recueillir [1].

1. En deux séances récentes (10 et 17 janvier 1929) la Société Lyon-

125

Nous libérant donc des données restrictives et des conclusions littérales dont l'effort pourtant vigoureux de Leibniz a pâti jusqu'à en subir discrédit et oubli, nous voudrions, pour finir, méditer un instant cette aventure métaphysique, indiquer en gros la cause des déviations stérilisantes, dire ce qui n'est pas à faire, bref placer un poteau indicateur à la croisée des routes, pour marquer celles qu'il ne faut pas suivre : première condition pour que soit frayée et explorée ultérieurement la seule voie sans doute qui puisse aboutir au but.

De quoi s'agit-il en définitive, et quels sont les termes exacts de l'ultimatum auquel nous devons nous soumettre? D'un côté, exigence implacable de la pensée critique, dont le besoin, dont le devoir est de dissoudre toute fausse substance, de corroder tout dogmatisme illusoire et ce simplisme crédule et paresseux dont les contre-coups, tôt ou tard, sont destructeurs. D'autre part, requête imprescriptible, obligation

naise de Philosophie a, d'après l'exposé de Mr. Ravier, étudié la doctrine de Leibniz ; et il est remarquable que, tout en rappelant les critiques dont le *Vinculum* a été l'objet et celles en particulier de Bertrand Russell qui semble avoir ignoré la thèse latine *De Vinculo Substantiali*, les membres de cette Société aient vu en somme dans l'hypothèse litigieuse un des sommets, un des aboutissements possibles de la philosophie de Leibniz. C'est, on peut dire, une heureuse nouveauté de voir le *Vinculum* pris au sérieux, d'un commun accord, par des esprits libres de préjugés.

Au moment où va s'imprimer ce travail paraît la thèse de M. Jolivet, « La notion de Substance, Essai historique et critique sur le développement des Doctrines, d'Aristote à nos jours. » (Beauchesne.) L'auteur fait une place à l'hypothèse du *Vinculum Substantiale*, mais s'il en a saisi l'importance, il ne semble par avoir fait droit à ce qu'elle apporte de nouveau, relativement aux autres thèses de Leibniz.

Signalons cependant cette intéressante hypothèse :

« Il est possible que Leibniz ait emprunté l'idée de ce *Vinculum Substantiale* à Suarez, dont le « mode d'union substantiel » chargé de réaliser l'unité de la matière et de la forme, ressemble par plusieurs côtés au vinculum leibnizien. D'ailleurs, l'expression même de *Vinculum Substantiale* se rencontre chez Suarez. Voir : Disputationes Metaphysicae, XXXIII, s. 2, n° 27 » (op. laud., p. 465).

incoercible d'une certitude réaliste qui fonde absolument l'intelligible sur le réel et unisse la pensée et l'être vrai : comment exaucer ce double vœu? Et qu'on remarque bien qu'il ne s'agit pas d'un expédient, d'un compromis, d'une conciliation, grâce à des concessions partielles ou à des sacrifices mutuels, comme s'il semblait que les choses eussent été plus satisfaisantes en étant autrement qu'elles ne sont. Mais c'est tout le contraire. Ce qui est requis, c'est que les deux aspects, les deux exigences s'appellent, se confirment, s'éclairent : mais a-t-on jamais eu même l'idée de cette suprême condition à remplir pour qu'une solution soit vraiment apaisante? Et que voyons-nous au contraire dans la plupart des cas? l'une ou l'autre de ces trois attitudes philosophiques, à moins qu'on ne les mêle ensemble, sans en suivre aucune exclusivement et jusqu'au bout.

— Beaucoup, en effet croient pouvoir se contenter au rabais, en donnant des gages des deux côtés : faisant à l'esprit idéaliste et aux revendications de l'instinct réaliste une part plus ou moins grande et sincère, ils se résignent avec un demi-courage à de demi-sacrifices, ou ils s'attachent avec une demi-confiance à des affirmations demi-solides; rappelons-nous les transactions verbales de Leibniz : *quasi substantia, semi-realis, semimentalis unitas*, etc. Satisfactions qui font figure dans l'agencement notionnel des systèmes. Mais en est-il de même, lorsqu'on éprouve ces organismes de formules au choc des réalités ou au courant de la critique? Non. C'est comme si, dans une blessure, on laissait les impuretés qui l'empêchent de se cicatriser, qui risquent de l'envenimer; pour éviter les souffrances du pansement, on s'expose aux souffrances plus pénibles et plus périlleuses de l'empoisonnement. La leçon à recueillir ici de Leibniz, c'est qu'il faut faire saigner la plaie à fond, la nettoyer sans pitié, l'assainir coûte que coûte. La bonne suture est à ce prix. « La philosophie

aisée et conciliante à bon marché » attire par les charmes du
début : elle réserve les inextricables difficultés et les ruines
finales.

— D'autres esprits, en face des voies en apparence diver-
gentes ou même contraires que nous envisagions tout à
l'heure, optent pour l'une ou l'autre qui devient leur centre
principal ou dominateur de perspective : sans méconnaître en
principe l'autre aspect, l'autre besoin de la pensée, ils tendent,
ils réussissent, plus ou moins, à neutraliser, à subordonner
l'une des deux exigences spontanées de la raison ; d'où cette
innombrable variété de doctrines où les doses d'idéalisme
critique, de réalisme équivoque ou de relativisme déclaré se
mêlent en proportions indéfiniment changeantes. La leçon
à recueillir ici de Leibniz (leçon qui reste un peu enveloppée,
mais leçon cependant constante chez lui), c'est qu'il ne faut
à aucun prix consentir à des mixtures arbitraires ou indéter-
minées, ni à des éliminations expéditives. Il est nécessaire
de suivre effectivement et complètement l'une et l'autre des
deux voies qui nous sollicitent et d'examiner sans complaisance verbale, sans précipitation spéculative toutes les phases,
tous les « ingrédients » que nous avons à découvrir dans
notre voyage, réellement effectué et non simplement imaginé
ou projeté, au pays de la vérité.

— Mais il y a encore une autre attitude possible, une
démarche plus spécieuse et, à certains égards, plus péril-
leuse : on tente de chevaucher à la fois sur les deux voies,
de les parcourir ensemble du pied ou du regard, tout au
moins on croit pouvoir passer sans cesse à volonté de l'une
à l'autre, comme s'il y avait partout des vues ménagées, des
chemins de traverses, des moyens de communication pour
des contrôles continuels et des confirmations de détail ;
tandis qu'en vérité cette prétention est irréalisable, autant et
plus qu'est chimérique le dessein de deux voyageurs qui,

entreprenant l'un et l'autre le tour de la terre, mais sous des latitudes différentes, et allant l'un à l'ouest, l'autre à l'est, voudraient se surveiller et se rejoindre avant l'achèvement de leur exploration. Et ici la leçon de Leibniz (leçon d'un caractère opposé à celui des précédentes leçons, puisque lui-même est tombé dans ce défaut), c'est que, pour faire réellement droit aux exigences et critiques et réalistes, il n'y a pas de *voie intermédiaire* (*via media*), ni même, ou encore moins, de *voie mixte* (*via communis*). Ce sont là deux grandes explorations à pousser chacune jusqu'au bout, deux questions, sans doute solidaires, mais qu'il faut étudier chacune dans sa pureté et son intégralité, afin de recueillir d'abord et de préciser toutes les données et conditions d'un autre problème encore supérieur et plus compréhensif, le problème de l'union intelligible et réelle à la fois de la pensée et de l'être. S'acharner à résoudre une telle question en son universalité concrète ou bien par des généralités et en maniant des abstractions, ou bien point par point, à chaque moment de l'itinéraire philosophique, c'est forcément méconnaître une grande partie des éléments nécessaires à combler l'entre-deux, c'est recourir à des compromis hâtifs et à des extrapolations illégitimes par d'incessants « passages à la limite » qui laissent place à des approximations arbitraires ou à des complaisances verbales.

Chose encore plus grave : s'il est vrai que naturellement il subsiste toujours une inadéquation et comme une incommensurabilité entre la connaissance humaine et la réalité pleine où elle aspire, n'y a-t-il pas un inconvénient majeur, un vice radical à se contenter trop vite, comme si la solution escomptée était atteinte? Une telle procédure, un tel simplisme induisent la philosophie en une trompeuse sécurité, en une fausse suffisance. Par là on lui masque, on lui ferme l'accès de sa tâche la plus haute et la plus salutaire : elle se repose sur les systèmes théoriques qu'elle construit, alors pourtant que l'histoire lui apprend qu'ils sont toujours courts par quelque endroit et qu'il conviendrait de prendre acte et leçon de cette preuve de ses lacunes et de ses limites; elle se repose sur les succès partiels que, dans l'ordre pratique, elle obtient en éclairant et en élevant l'action humaine par la pensée, alors pourtant que ces réussites restent toujours imparfaites, inadéquates et fragmentaires. Limites et inadéquations qui doivent empêcher la philosophie d'être « séparée », close, exclusive d'une recherche des conditions requises pour une adéquation plus complète. Émery a pu édifier maints lecteurs en réunissant les textes religieux de Leibniz; mais aucun n'est authentiquement inspiré d'un esprit religieux, encore moins d'un esprit chrétien; car ils ont pour objet, non d'ouvrir, mais de fermer les questions que *doit poser*, mais que *doit ne pas résoudre*[1] une philosophie allant jusqu'au bout de son pouvoir et de son devoir.

Mais Leibniz ne paraît pas même avoir soupçonné les carences multiples dont a pâti son hypothèse du *Vinculum*. Il n'a vu nettement ni ce qui est à lier, ni ce qui lie, ni la cause ou la résultante de ce lien, ni tous les ingrédients et tout l'entre-deux des éléments esthétiques, ascétiques même ou mystiques qui peuvent entrer dans la « composition » d'une *substantialité* qu'il ne suffit pas de concevoir abstraitement sans intériorité ni richesse spirituelle. Aussi, malgré tant d'efforts pour faire de son *Vinculum* un sur-être, un vivifiant, un *uniens quid*, Leibniz n'a guère enfanté qu'un mort-né, moins encore, un mot neutre, une sorte d'agrafe,

---

1. Le cardinal Dechamps est un des rares esprits qui (sans déprécier aucunement le rôle de la raison et la portée de la philosophie, en montrant au contraire leur extrême importance et leur sublime grandeur) a envisagé méthodiquement les « limites » et les « requêtes » normales de la philosophie « même la plus développée » dans l'état de fait où aucune autre destinée   la surnaturelle n'est ouverte à l'homme.

quelque chose d'extrinsèque et de dépendant à la fois ; alors
qu'il lui eût fallu une transcendance immanente à tout ce
qu'elle attire, anime et associe du dedans, une sorte d'ébauche
de bonté et de perfection. En cela, il retombe encore sous le
joug de conceptions qu'il avait cependant voulu et cru dépasser, mais toujours en demeurant à mi-chemin de la libération.
Oui, il avait cherché à introduire dans la pensée aristotélicienne ou dans la pensée cartésienne un sens plus vif, plus
intérieur des réalités subjectives, de l'effort, de l'activité
spirituelle : eh bien, non ; il ne parvient pas à voir dans les
« essences » et les « natures » autre chose que des virtualités
et des prédestinations qui, pour sembler douées d'une spontanéité plus interne, n'en restent pas moins des choses à
actualiser, nullement des principes originaux d'*agir* : c'est
toujours du naturisme, du déterminisme ; et même quand il
tâche de s'élever à un hyper-métaphysique comme le *Vinculum,* c'est encore et toujours du physicisme : de même que
la nature du feu est de brûler, la nature du *Vinculum* est de
lier. En sommes-nous beaucoup plus avancés ? Et avons-nous
la moindre lueur sur cet opaque *Vinculum* qui ne peut devoir
son efficacité, sa réalité même qu'à ce qu'il apporte d'intimement perfectionnant ? A plus forte raison par l'effet de
cette carence Leibniz, qui pourtant aspirait à solidariser la
connaissance et l'existence, n'a-t-il pu réussir à discerner
l'étendue, la corrélation, l'unité du triple problème du *penser,*
de *l'agir* et de *l'être.* Si l'on peut espérer voir des ombres
du *Vinculum* se dégager une rénovation et une extension
de la philosophie, c'est à ce rond-point et non ailleurs qu'il
faut se placer. On me pardonnera donc d'indiquer, pour finir,
quelques avenues à explorer du regard. Et si l'on a bien
voulu me suivre jusqu'ici, on comprendra vite comment ma
longue thèse sur l'*Action* est devenue comme le prolongement
et le complément de ma petite thèse latine, comment aussi

l'étude de l'*action* a ouvert de plus lointaines perspectives.

Donc entre la pensée et l'être, il m'avait semblé qu'en fait l'abîme est franchi par l'action. Elle forme l'unité vivante d'un composé incarnant la pensée même dans les membres et faisant participer la multiplicité d'un organisme matériel à la valeur spirituelle d'intentions transcendantes. Elle semble le *Vinculum* en exercice : oui, de même que « le calcul de l'infini réussit », selon l'expression de Leibniz, notre action réussit, semble-t-il, à relier les vues de l'esprit et les élans de la volonté à la nature que la science, l'art, l'ascèse paraissent atteindre *miris et occultis modis* : « l'action ajoute une perfection », comme le remarquait Aristote, alors même que « nous ne pouvons jamais analyser tous les éléments de l'agir », στοιχεῖα τοῦ ποιεῖν καὶ τοῦ πράττειν, et Bacon, de son côté, remarquait que nous ne pouvons faire plus que mettre les « causes » en présence, sans pénétrer dans la nuit de leur efficience : *Natura cetera intus transigit.*

Et je m'étonnais dès lors que Leibniz n'eût point, par analogie ou extension du calcul infinitésimal, concrétisé son *Vinculum* dans l'action, puisque c'est elle qui insère, dans les choses même physiques et dans notre « composé humain », des idées incarnées et des fins réalisées. Mais toutefois cette médiation, cette domination de l'action n'est que partielle, approximative, finalement défaillante; et, même dans l'ordre subalterne où elle réussit fragmentairement, elle demeure mystérieuse; elle est toujours simplement approximative, inadéquate; et nous n'avons conscience de cette insuffisance, principe d'inquiétude et de progrès, qu'en posant au moins implicitement le problème d'une équation possible et d'une satisfaction totale.

L'étude de nos actions! ce ne pouvait donc être qu'une étape, qu'une vue partielle, qu'une colline masquant la montagne et son triple sommet. Sans doute il n'était pas inutile de dépasser les formules finalistes prises pour des solutions réelles, les descriptions littéraires ou moralisantes pour entrer dans le vif et le concret d'une philosophie pratiquante, aux prises avec les réalités de tout ordre. Mais enfin, il m'avait fallu d'abord, par un artifice qui n'a pas été remarqué, restreindre le problème total de *l'agir* à celui déjà si ample de nos actions et de notre destinée (seul le P. Beaudoin m'avait spontaném ent signalé cette descente dans la tranchée). En son intégralité, la question à poser est d'une tout autre envergure. Car enfin dans tout ce que, autour de nous, en nous, par nous, nous appelons des *actions*, y en a-t-il qui méritent pleinement ce nom? Ne sont-elles pas en réalité des prolongements, des combinaisons de passivités lointaines et multiples qui, ignorantes des sources profondes, ne font que traduire ou l'empire secret des forces de la nature; ou le mystère d'une prémotion et d'une prédestination; ou le règne absolu d'une Cause première; ou les modalités d'une Substance unique ? Comprend-on dès lors qu'après l'exercice scolaire d'une thèse en Sorbonne, je me sentais, pour rééditer honnêtement *l'Action*, obligé d'affronter le problème infiniment plus vaste et plus radical de l'*Agir?* Comprend-on que, pour savoir s'il est concevable, s'il est réalisable qu'à côté de l'Acte Pur il y ait de véritables agents, d'autres questions connexes s'imposent, celle du *penser*, celle de l'*être* véritables; sont-ils possibles, et comment le sont-ils, à côté de Dieu et en Dieu tout ensemble, sans que ce soient des semblants d'êtres ou d'esprits? Y a-t-il des expériences qui paraissent réaliser cette conciliation de la dépendance et de l'autonomie, cette union sans confusion, cette passivité active ou cet agir personnel dans l'adhésion parfaite et transfigurante? Et s'il n'y a pas en nous plusieurs « formes » ni diversité de destinées facultatives, quelle est donc cette unité suprême et universellement obligatoire?

D'où le besoin, la légitimité d'une étude que nous voyons de

plus en plus se constituer sur le terrain rationnel et expéri-
mental à la fois. De divers côtés on a abordé le problème du
surnaturel et le problème des états mystiques, sous l'aspect
même où la recherche philosophique peut utilement et pru-
demment les envisager ; états dont on discerne de mieux en
mieux les traits spécifiques et les phases ordonnées, la signification profondément humaine sans préjudice pour leur origine transcendante et infuse, la « valeur noétique » (selon
l'expression récente de M. Jean Baruzi qui pourtant n'a pas
su en sauvegarder la plénitude), la « valeur ontologique »,
ainsi que le notait avec profondeur Victor Delbos déclarant
que de tels états contiennent une présence, une réalité supérieures à toutes celles que la science positive ou la spéculation
métaphysique nous font connaître et employer.

Mais ici encore, ce ne sont pour ainsi dire que des « succès »
partiels et exceptionnels ; ils nous aident à prévoir que le problème de l'Unité est résoluble ; mais il n'est pas pour cela résolu
complètement et dès à présent, ni en fait, ni spéculativement.
Mais, si la *solution* ne saurait être anticipée effectivement,
même à l'aide de ces arrhes qui peuvent en faire pressentir
la réalité, du moins il est légitime et salutaire de chercher à
poer, avec une clarté accrue, avec une exigence plus consciente et plus impérieuse, un problème qui, certes, a toujours
été impliqué, mais qu'il importe d'expliciter en toute son
ampleur et en toute sa rigueur, quelque terrible qu'en soit la
difficulté : pour qu'en nous il y ait dans toute la force de ces
termes, *agir, penser, être,* pour que nous participions vraiment « à la dignité d'être cause », à la lumière incréée, à la
« vie éternelle », que faut-il donc ? Et comment est-ce possible,
en dépit des limitations, et des inadéquations intérieures à
l'existence, et à la connaissance de toute créature ? Par quelles
merveilleuses inventions et quels divins stratagèmes, tout ce
qui semble ruineux par en bas, fissuré en toutes ses parties,

peut-il être consolidé et uni par en haut, sans confusion ni
absorption ni simple mimétisme ? Comment une « parfaite
assimilation » (*omnia intendunt assimilari Deo*) est-elle possible, préparée, réalisable ? Comment le caractère incommensurable et entièrement gratuit du Surnaturel demeure-t-il
inviolable, alors même que la grâce descend aux plus secrètes
profondeurs de la conscience, de l'inconscience même, pour
une intimité qui surpasse tout sentiment, qui défie toute analyse, qui exclut toute confusion ?

Champ immense en vérité et qui reste en partie à explorer
pour le psychologue et le métaphysicien. Et si de fugitives
et partielles « unions » sont parfois offertes symboliquement
par les admirables réussites de l'art, de l'héroïsme, de la
contemplation acquise ou infiniment mieux encore par les
prodigieuses réalités de la sainteté, n'est-ce pas qu'en effet
le problème, dont, en balbutiant, Leibniz cherchait l'énoncé et
la solution sans succès, existe bien véritablement et qu'il
n'est pas insoluble ? Mais ce n'est ni par une métaphysique
abstraitement substantialiste, ni par un idéalisme critique, ni
par une philosophie de l'effort ou des actions, ni par un intuitionnisme esthétique ou intellectuel qu'on peut même soupçonner
les plus stimulantes, les plus vivifiantes difficultés de l'*union*
à réaliser, de *l'agir* à justifier en son originalité, du *penser* à
déployer en toute clarté, de *l'être* à constituer en toute solidité. Il ne s'agit pas, pour faire cohérer toutes ces choses
entre elles ou même en elles-mêmes, d'une sorte de colle
adventice, d'un *Vinculum* postiche et extrinsèque. Il ne s'agit
même pas de cette attraction, pourtant déjà beaucoup plus
expressive, que concevait Aristote comme un aimant qui de
proche en proche, soulève et hiérarchise fixement toutes
choses par le magnétisme de la beauté ; il s'agit de réalités
concrètes, d'êtres singuliers et ineffables en communion avec
l'universel, d'êtres déjà constitués dans un ordre de nature et

de raison, mais qu'une vocation supérieure destine à une assomption et à une unité de grâce où toutes les préparations inférieures et étagées contribuent à une « liaison », à une « assimilation » : le *Vinculum* ne trouve sa vraie signification, sa fine pointe, son aboutissement total, son rôle suprême que là où la charité divine, coagulant pour ainsi dire peu à peu les êtres et nos êtres — qui ne sont encore qu'*initium aliquod creaturae* (Jac., ɪ, 18), *quod Deus ipse perficiet, confirmabit solidabitque* (I Petr., ᴠ, 10) — consomme cette croissance dans la « liaison » qui accomplit le vœu testamentaire du Christ : *consummati in Unum*. La philosophie, certes, ne peut par elle-même *boucler* ces choses; mais elle peut et doit montrer que les choses ne bouclent pas d'elles-mêmes, qu'il y a constamment un « trou par en haut », sans qu'il y ait consistance suffisante par en bas, et que pour poser en toute son étendue l'inévitable problème de l'*agir*, du *penser* et de l'*être*, l'intelligence n'a pas dit son dernier mot. Puisse du moins l'hypothèse du *Vinculum*, si archaïque, si fruste et si caduque qu'elle soit, marquer, comme une pierre d'attente mal dégrossie, la place de la belle clef de voûte, *Lapis Angularis*.

APPENDICES

APPENDICE A

I. — Extrait d'une lettre écrite à un savant par le célèbre Christophe Matthieu Pfaff, chancelier de Tübingen et Abbé de Lorch. (*Acta Eruditorum*. Lipsiae. Mense Martii, A 1728, p. 125.)

« *De litteris Leibnitianis* ante hos fere duodecim annos (Hannoverae, 2 maii 1716) ad me datis, quas in Diss. *Anti-Baeliana* III et in schediasmate De Morte naturali allegavi, dubitari num existant quod ad calcem *Institutionum Juris Ecclesiastici* non essent editae, id quidem non minus miror quam si quis causaretur, me Orationem *de Silentio Theologico* in promotione Weismanniana habitam haud recitasse, quod nec illa ibidem causa fuerit... Quod vero *litteras* illas *Leibnitianas,* de quibus scribis, attinet, eas hanc ob causam publici nondum feci juris, quod Philosophis illis subtilissimis, qui novum illud philosophandi genus sectantur, in lite illa sua, cui impliciti sunt nolo esse gravis, meque, qui olim ante motas has controversias, *Dissertationes Anti-Leibnitianas* scripturus eram, pugnae isti, et acerbae quidem, immiscere, idque eo minus, quod adhuc antiqua illa animo meo sententia sedet, quam ad *Leibnitium* perscripsi olim, et quam ille, vir sane judiciosissimus, pro ea quam in litteris ad me datis semper testatam fecit, animi sinceritate, prorsus approbavit. — Rogaverat abs me Vir illustris, quid de *Theodicaea* sentirem methodoque illa qua Baelium refutasset? Scripsi « existimare me quod animi saltem causa illud Philosophiae confinxerit Systema, et, quemadmodum *Clericus,* Baelium refutaturus, Origenistam simulaverat, ita et ipse novam hanc philosophandi viam inierit ad refutandum Baelium, quae quidem, licet pulverem saltem oculis eorum qui et altum alias haud videant injiciat, tamen eo ingeniosior sit, quod probe perspecta, et sententiam Baelii crassiorem sub specie refutationis potius modo subtiliore, mysterio tamen non illico detegendo firmet, et diversis quoque dissidentium Religionum Systematis opinionibusque, alias vix defendendis, incrustandis, favorique adeo et

Theologorum omnium fere partium, maxime nostratium aucupando, sit applicabilis; praeoptare vero me ut Baelii tam periculosa sententia serio, solide et graviter refutetur. Quid quaeso ad haec respondit Leibnitius quem credideram mihi, ob ingenuam responsionem indignaturum? « Ita », autem ille in litteris *Hannovera*, A 1716 d. II. Maji ad me datis (do vero verba viri formalia, licet brevissima, reliqua enim epistolae, quae hoc negotium non tangunt, addere non convenit). « Ita prorsus est, Vir summe reverende, uti scribis, « de Theodicaea mea. Rem acu tetigisti. Et « miror neminem hactenus fuisse, qui lusum hunc meum senserit. « Neque enim philosophorum est rem serio semper agere, qui, « in fingendis hypothesibus, uti bene mones, ingenii sui vires experiuntur. Tu, qui Theologus es, in refutandis erroribus Theolo- « gum ages ». Haec *Leibnitius*, haec illa *epistolae* verba quae nosse cupiunt Viri eruditi et quae ipsorum curiositati haud invideo. Recensui illa aliquando *Bulffingero* nostro, qui putabat jam vero haec ipsa Leibnitium seria mente haud scripsisse [1]; quae qui caussari voluerit, is quidem per me suo sensu abundabit. Ego e contrario persuasissimus sum certissimusque etiam varia Religionis nostrae placita in Theodicaea Leibnitium defendisse, quae risit alias et naso adunco suspendit, e. g. dogma de praesentia reali. Norunt mentem viri aulici et philosophi ipsiusque circa religionem sententias quibus virum penitius nosse contigit. Sed de his quidem satis jam. Miror saltem tot esse qui haec principia serio et tanto quidem cum conatu defendant. »

II. — Cf. Dissert. Anti-Baelianam, III, 9. « Is vero, qui ante omnes alios memorandus hic nobis venit, est Philosophus hujus saeculi celeberrimus Godefridus Gulielmus Leibnitius, qui Amstel. 1710 edidit librum Gallicum quem nuncupavit Essays de Théodicée... cum tribus appendicibus... Jam vero sententiam Leibnitianam quae ad mundum perfectissimum, malum quoque requirit, et a Firmiano Lactantio dudum defensitata fuit, ponderanti facile patebit, eam cogitata Bailii sic potius adstruere, quam destruere, saltem tolerabilia reddere, id quod et Poiretus observavit, et fassus nobis aliquando in litteris ad nos datis est ipsemet Leibnitius. Vide omnino, quae in Primitiis Tubingensibus, P. 2, p. 53, 246, 247, hanc in rem diximus, et adde quoque G. C. Knoerrii diss. de origine mali sub praesidio celeberrimi Budaei habitam. »

_____

1. « Patet ex his, operam omnino eos ludere, qui praesentiam realem intellectui nostro comprehensibilem reddere voluerint. « *Pfaff*. Fragm. Iren. Anecd., p. 468.

III. — « Bayle ne doutait point que le systéme du christianisme
ne fût faux, puisqu'il était contraire aux notions communes, comme
il le soutenait... On parle aussi de ses adversaires, et entre autres
de feu M. Leibniz qu'on assure avoir été dans le sentiment de
M. Bayle, quoiqu'il voulût paraître l'attaquer, dans son livre intitulé : Théodicée... J'avoue que j'en avais jugé de même, et que
c'est ce qui m'a empêché de parler du livre de ce grand Mathématicien pour ne pas paraître chercher des querelles sur cette matière et pour ne pas non plus dissimuler dans une chose si grave.
Aussi M. Pfaff dit-il que M. Leibniz lui avait avoué dans une lettre
que son sentiment pouvait plutôt faire paraître celui de M. Bayle
tolérable que le détruire. » (Bibliothèque ancienne et moderne, par
Jean Le Clerc, 1721. Amsterdam, in-12, t. XV, 1re partie, VII,
p. 179.)

IV. — Acta Eruditorum, A. 1728, p. 550. ·

  Chr. W. (*Wolfii*) monitum de sua Philosophandi ratione.

... « Cumque non ad ostentationem sed utilitatem philosophari
me jam monueram..... quamobrem me parum moveat quod Vir
quidam doctus in his Actis asseruerit, *Leibnitium* fuisse confessum,
quemadmodum ipsi videtur, serio omnia quae de rebus Metaphy-
sicis in Theodicaea traditi, esse lusum ingenii. Sint enim *Leibnitio*
lusus ingenii verba quae ab eodem adopto : aut igitur alium eis-
dem tribuit, quam ego, sensum, aut si eundem tribuit, ludendo
dicit verum. Sufficit mihi si profunda videam atque adeo ad inti-
mas rerum notiones penetrem... »

V. — Mémoires pour servir à l'histoire des hommes illustres
dans la république des Lettres (P. Nicéron). Paris, 1727-30.

 « La Reine de Prusse engagea M. de Leibnits à répondre aux
difficultez de M. Bayle, et il entreprit ce livre dans ce dessein, du
moins en apparence ; car M. Pfaff assure dans un de ses ouvrages
que M. de Leibnits a été du sentiment de M. Bayle quoiqu'il voulût paroître l'attaquer et que ce sçavant le lui a avoué lui-même
dans une de ses lettres ; M. le Clerc avoue qu'il en a toujours jugé
de même. » Tome II, p. 85, 1727.

 « Le R. P. Tournemine, jésuite assure que ce que M. *Pfaff* et
M. *Le Clerc* ont avancé au sujet de la *Théodicée* de M. de Leibnits
est faux, et que ce sçavant lui avait écrit que ce livre contenait
ses véritables sentiments. » Tome X, p. 77, 1730.

APPENDICE B

Acta Eruditorum, publiés à Leipzig. (Ch. M. Pfaffii παλινωδία. Calendis Augusti, Anno 1715, p. 376.)

Vir Celeberrimus, Christianus Matthaeus Pfaffius suis Irenaei Fragmentis nuper editis, de quibus dicemus, cum primum ad nos pervenerint, adjecit Dissertationem de consecratione Eucharistica, ibi, p. 459, 466, quaedam in Dissertatione de Consensu Fidei et Rationis, laudatissimo a nobis operi Theodicaeae praemisso, sibi displicere notavit : sed nunc gratum sibi fore testatus est, si publice significemus, melius edoctum esse de mente Illustris Autoris, qui operationis immediatae comparatione utatur, ita ut veram praesentiam corporis et sanguinis Domini in Sacramento Eucharistiae non excludat, et *unionem* inter rem coelestem et terrestrem negando, non neget earum *conjunctionem* in actu perceptionis, in qua consistit unio sacramentalis nostrorum Theologorum, sed tantum rejiciat vinculum quoddam seu tertium rebus superadditum, quod per unionem saepe intelligunt Philosophi, tanquam modificationem res uniendas connectentem, sive localem inclusionis aut adhaesionis, sive hypostaticam, qualis est animae et corporis, verbi et humanitatis, sive aliam his analogam, quoniam hoc foret Entia multiplicare praeter necessitatem et in perplexitates Philosophicas sese induere, et fortasse conjunctionem ultra actum perceptionis extendere, cum sine ullo alio rebus supperaddito sufficiat divina institutio ad conjunctionem efficiendam, ut rem terrestrem sumentes simul coelestis verissime participes fiamus. »

APPENDICE C

Lettre inédite de Des Bosses, jointe à une lettre de Jean-Baptiste Ptolemaeus, S. J., trouvée à la Bibliothèque royale de Hanovre.

Illustrissime Vir, Patrone collendissime,

Jam dudum reditum Tuum avide praestolabar : nunc ex litteris Tuis 8 Julii scriptis sed primum nudiustertius mihi traditis salvum

Te Hannoveram advenisse demum intelligo et serio laetor; mirabar quid Te Berolini detineret, cum ex novis litterariis Diario Parisiensi insertis didicissem quod Academiae istius praesidiatu abdicasses eoque munere jam fungeretur Baro de Printz.

Quod mihi arbitrium defers in tua cum Hartsoeckero controversia, facis Tu quidem benevole sed nimium mihi tutius : non nostrum inter vos tantas componere lites, et vereor, ut tali arbitro stare velit clarissimus Tuus adversarius, cui rogatus non ita quidem difficultates nonnullas objeci, ex quibus me Tecum facere facile judicabit. Caeterum litteras ad ipsum et P. Orbanum Tuas hodie curavi Dusseldorpium.

Quae de morali necessitate deque arctissima Deum inter et creaturam unione respondes, plane mihi satisfaciunt. Quomodo Adamus initio majorem quidem inclinationem ad malum quam bonum non habuerit, cum creabatur, sed tunc tantum, cum praeceptum urgebat et peccatum instabat, necdum plene percipio. Unde illa inclinationis alteratio, an a Deo naturae et gratiae autore? at hominem fecit initio rectum! an ab Adamo ipso? at instante peccato necdum culpam admisisse intelligebatur. Cum quis eliget hoc modo, videtur contradictionem implicare, si eligeret alio modo, etiamsi rationes determinantes ex se non necessitent, quia aliunde implicat contradictionem, voluntatem per rationes oppositas ut pote inefficacius propositas determinari, ut ipse statuis.

Theodicaeam tuam accepit Ptolemaeus, de quo quid ipse sentiat ex ejus litteris adjunctis lubentius intelliges.

Pervenit ad nos liber, cui titulus : « Observationes mathematicae et physicae factae a Patre Francisco Noel ab anno 1684 ad annum 1708 in lucem datae Pragae anno 1710. » Autorem, nisi consilium mutaverit, septembri mense hic videbimus. Si liber Tibi visus non est (et facile Praga Lipsiam deferri potuit) exemplar quod habeo Tibi mittam. Vale, Vir illustrissime et mihi Tui studiosissimo bene velle perge. Dabam Coloniae Agrippinae 18 Augusti 1711.

Illustrissimae Dominationi tuae devotissimus cliens.

BARTHOLOMAEUS DES BOSSES.

P.-S. Quod de creatura perfectissima objicere videtur Ptolemaeus, id ergo jam ante tetigeram et Tu abunde solvisse mihi videbaris.

II. — Lettre de Jean-Baptiste Ptolemaeus à Barthélémy Des Bosses.

Legi quantum per occupationes licuit librum amicissimi Leibnitii ac nisi temporis angustiae prohiberent, ad eundem recta scriberem cum gratiarum actione non uno ex capite illi a me debita cumque gratulatione, approbatione, consensione secum mea in omnibus fere saltem praecipuis, certe substantialibus absolutissimi speciminis partibus. In mentem venerunt plurima inter legendum quibus chartas non paucas facile implerem, si tempus sineret. Bina illa principia, quibus opus nititur : de Dei libertate ad optimum rerum universitatis systema deque libertate quacumque ad melius ex propositis mixtis malo bonis determinata sive ex morali necessitate sive ex analoga quadam determinatione ad necessitatem talem (nam haec utpote in necessitate consistens Deum dedecet): nullatenus efficere ipsi libertati indifferentiae (quam aequilibris nolim esse) : jam diu est quod persuasissimum habeo. Sed adhuc evidentiora et omnibus passim nedum plerisque sapientibus concessa aut concedenda principia statui posse reor, quibus sive demonstratio sive responsio plane demonstrativa inaedificetur adversus accusatores divinae providentiae. Puto : possibile esse unum systema mundi peccata ac mala complexum (qualia in praesente hoc mundo contingunt) longe tamen melius altero item possibili systemate solas innocentes creaturas comprehendente, quidquid sit utrum systema omnia perfectissimum possibile sit uti creatura perfectissima, idemque peccatis malisque confertum esse possit. Jam vero Deus possibile illud melius prae altero elegerit infinitae bonitatis suae inclinatione ad melius. Hoc posito, cui nemo rerum harum peritus repugnaverit, clarius et evidentius uti reor cuncta illa deduci possunt quae ex dato systemate mundi omnium perfectissimo deducuntur, sed de his hactenus.

Dominum Leibnitium verbis meis salutatum mequc a commendatum impense cupio, cui viro certe summo optima quaeque quotidie in sacris precor ac praecipue unum illud necessarium, quod illi in tanta litteratura probitate et ingenuitate deesse videtur quoque per vestigia Serenissimi Principis sui Volfenbuttelani secure et fauste etiamque gloriose pervenire potest.

Ad illa de Patre Speio deque Charitate extra ecclesiam, quorum iterato me monet Leibnitius in litteris ad Te datis, haec adnotare habeo : Extra ecclesiam *excusationes* ob invincibilem ignorantiam, non autem *probabilitates* aut *opiniones* juvare quenquam posse sive ad salutem sive ad charitatem. Siquidem probabilitas in moralibus neminem securum facit, ubi modus et via suppetit certo et evidenter (saltem morali certitudine) comperiendae veritatis quod ipsum demonstrari potest. Atqui modus talis indubitate suppetit (imprimis viro jam probabilibus imbuto) verae ecclesiae comperiendae : alioqui visibilis illa non est. Hoc adversus eruditos adiaphoros, tolerantes, syncretistas et similes peremptorum esse puto. Vale mei memor, in sacrificiis. Romae, 6 Junii 1711.

Haec cursim dictabam aliorsum avocatus per vexatissimum quod invitus gero regendi Collegii hujus officium. Servus in Christo.

Io. Bapt. Ptolemaeus.

APPENDICE D

L'allégorie du bastidon.

(Extrait d'une lettre au P. V.).

. . . .

Vous me demandez si, pour soulager l'attention et fixer les idées comme les figures géométriques favorisent les démonstrations, je ne pourrais pas inventer une allégorie, un mythe propre à soutenir l'effort de l'esprit. Je pourrais vous objecter que Leibniz, pour son *Vinculum*, a déconseillé un tel recours à l'imagination, craignant sans doute de retomber dans le faux dogmatisme des sens ou de l'entendement; il a prétendu que « le *Vinculum* peut être distinctement conçu et exigé par la raison métaphysique, alors qu'il ne saurait être représenté et expliqué *imaginabiliter* ». Mais en d'autres circonstances il a excellé dans l'invention des allégories, au point de les ériger en vérités utilisables : n'a-t-il pas toujours cherché des notations symboliques et ses principales découvertes ne reposent-elles pas sur une alliance hybride d'ordres incommensurables? D'ailleurs pour satisfaire à votre légitime désir, je n'ai ici pour ma part aucun besoin d'inventer une fiction. Voici, en effet, l'expérience positive et récente que je m'étais amusé à noter pour moi-même et que je confie à vos méditations et surtout à vos critiques. Mon petit bastidon vient à menacer ruine : les murs s'écartent; les plafonds se creusent et semblent s'enfoncer, la toiture se disloque. Que s'est-il passé? Par une disposition singulière, la charpente à quatre faces rattachées à un sommet unique tenait toute sa solidité de la ferrure qui unissait par la pointe supérieure les solives qui, grâce à ce *vinculum* du sommet, formaient comme une seule pièce. Survient une rupture de ce lien de fer. Alors la charpente joue... Fini le bel équilibre qui, répartissant également le poids sur les murs où les poutres s'encastrent, assurait la fixité de l'écart. Désormais ces poutres glissent n'importe où. Loin de consolider les madriers et les tuiles, elles poussent les parois au vide, pèsent sur les « chandelles », c'est-à-dire sur les petites pièces de bois porteuses des tuiles, qui à leur tour faisant pression sur les planches légères, incurvent les plafonds... Tout se disloque ! C'est donc que le minime crampon qui, au sommet, « récapitulait » l'ordre entier de l'édifice, faisait aussi toute la force, toute la solidité, — tranchons le mot — tout l'être du bastidon. On peut dire que la maison reposait sur sa pointe. Assurément il avait fallu d'abord mettre pierre sur pierre, placer les poutrelles et à vrai dire achever le bâtiment avant de pouvoir installer ce *Vinculum*. Mais sans lui cependant l'édifice n'était pas achevé, n'était pas viable ; et, s'il reste vrai que les étages inférieurs sont premiers dans le temps, logiquement nécessaires, effectivement porteurs de la charpente, il est néanmoins plus véritable encore de dire que sans son couronnement l'édifice, quoique déjà constitué, aurait été précaire, caduc, condamné à la ruine imminente.

Comprend-on maintenant le rôle que, dans la hiérarchie des choses, jouent paradoxalement ces pièces trop ordinairement méconnues qu'avec Leibniz nous avons appelées des *vincula ?* Avant l'accident qui a révélé la présence et le rôle de cette invisible armature placée au sommet et cachée au regard, avais-je jamais soupçonné l'existence et l'importance d'un tel détail de la construction ?

Mais allons plus loin. Tous les assemblages subalternes de l'édifice avec le ciment, les mortaises et tout ce qui contribue à la liaison des matériaux, maçonnerie et menuiserie, ont sans doute une valeur propre, une utilité certaine, une solidité relative qui s'opposent ou survivent partiellement à la dislocation de l'édifice. Mais enfin ces connexions et assemblages ne constituent pas l'unité organique de l'édifice lui-même. Il y a, peut-on dire, dans l'univers, le liant universel, le *vinculum vinculorum*, la pièce suprême et unique qui contribue à l'affermissement de tout le reste. C'est ce liant dont saint Paul disait : *in quo omnia constant, Primogenitus omnis creaturae,* Celui dont saint Jean déclare que tout a été fait par Lui et que tout ce qui est serait comme n'étant pas sans Lui, redevenant comme néant même alors qu'il semblerait avoir un commencement d'existence, comme un édifice sans faîte qui retournerait vite à l'effondrement.

Ce n'est donc point par hasard, à titre accidentel, c'est par une logique profonde quoique sans doute inconsciente que Leibniz et Des Bosses, controversant sur « ce qui peut conférer une solidité substantielle aux êtres hiérarchisés », ont été amenés à prendre comme exemple l'Eucharistie. En fait, ne pourrait-on dire que c'est là plus qu'un exemple? C'est le point vital, c'est le sommet auquel se rattache le monde visible et invisible. L'univers est un composé; oui, mais quel est le principe de sa *composition, de son être, de son unité?*

Peut-être que pour rejoindre les termes extrêmes de cet immense poème de Dieu, il convenait que s'opérât le prodigieux rapprochement : *Verbum caro factum est.* Et pour que nous comprenions jusqu'où s'étend la sublime réalité de cette union, il fallait aussi que le Verbe Incarné nous découvrît par l'Eucharistie que l'être singulier n'échappe pas à son emprise. S'il récapitule l'ordre total, α et ω, c'est que son action unifiante et transformante atteint l'intime des éléments qui le composent.

TABLE DES MATIÈRES

UNE ÉNIGME HISTORIQUE

Le « *Vinculum Substantiale* » de *Leibniz* et l'*Ébauche d'un Réalisme supérieur*.

ACHEVÉ D'IMPRIMER
LE 30 MAI MCMXXX
PAR. FIRMIN-DIDOT AU
MESNIL POUR GABRIEL
BEAUCHESNE A PARIS.